DAS KROKODIL IM FLUGZEUG

Autor und Journalist **Nicolas Bogislav von Lettow-Vorbeck** wurde 1984 in Düsseldorf geboren, wuchs in Meerbusch auf und lebt heute in Berlin. Er stammt aus einem pommerschen Adelsgeschlecht, das 1330 erstmals urkundlich erwähnt wurde. Sein Großvater Gerd von Lettow-Vorbeck war Jagdschriftsteller und schrieb unter anderem »Am Fuße des Meru« – eine Biografie über Margarete Trappe. Nicolas selbst reist nur nach penibler Vorbereitung und unter Vermeidung von Risiken, meist unternimmt er Spaziergänge ins Berliner Umland. Er weiß, warum.

NICOLAS BOGISLAV VON LETTOW-VORBECK

DAS KROKODIL IM FLUGZEUG

SKURRILE TODESFÄLLE AUF REISEN

BOOKS

INHALT

»Life, uh, finds a way.«
Gewidmet meinem Idol Jeff Goldblum.

URLAUB VOM LEBEN

Am 5. Juli 1841 organisierte der 32-jährige englische Verleger Thomas Cook eine Zugfahrt für fünfhundert Personen von Leicester nach Loughborough. Ziel der Reise war kein lauschiger Badesee, sondern ein dröges Treffen von Abstinenzlern. Trotzdem gilt dieses Datum als Geburtstagsstunde der Pauschalreise, seit jenem Julitag ist das Reisen für immer mehr Menschen auf der Welt eine bewährte Option, sich für einige Zeit aus dem täglichen Einerlei auszuklinken.

»Wenn du denkst, Abenteuer seien gefährlich, versuche es mit Routine. Diese ist tödlich«, bemerkte der brasilianische Bestsellerautor Paulo Coelho. Das kleine und große Ausbrechen aus dem Alltag ist ein unschlagbares Lebenselixier. Es hilft, die Zeit, die uns gegeben ist, mehr wertzuschätzen und sie vielleicht sogar ein wenig anzuhalten.

Auf Reisen zu gehen fasziniert den modernen Menschen des frühen 21. Jahrhunderts wie kaum eine andere Freizeitbeschäftigung. »Da der Tourismus sogar noch wichtiger ist als der Sport und die Werbung, kann man durchaus so weit gehen, unsere Epoche als Zeitalter des Tourismus zu bezeichnen, so wie man vom Zeitalter des Stahls oder dem Zeitalter des Imperialismus gesprochen hat«, schreibt der italienische Journalist Marco d'Eramo in seinem Buch *Die Welt im Selfie*. Auch ökonomisch ist der Tourismus relevant: Laut der Weltorganisation für Tourismus (UNWTO) beliefen sich im Jahre 2016 die Erträge aus dem internationalen Reisegeschäft auf 1,4 Billionen US-Dollar. 2016 leistete der Tourismus einen (direkten und indirekten) Beitrag zum europäischen BIP von 10,2 Prozent.

Schöne Strände, Berge und Städte verzaubern die Reisenden mitunter so stark, dass sich auch ihr Charakter verändert. Viele Menschen entdecken während der schönsten Wochen des Jahres gänzlich neue Seiten an sich: Es wird zu viel getrunken, gegessen, geflirtet, eingekauft, ausprobiert. Und wollte man nicht eigentlich schon immer mal Bungee-Jumping testen? YOLO!

Meist steht am Ende eines solchen Wagnisses ein gewisser Stolz auf die eigene Kaltblütigkeit, vielleicht fällt auch ein verwegenes Foto ab. Da sich aber Millionen von Touristen in Sachen Erholung und Erlebnisjagd über den Erdball wälzen, bleibt es nicht aus, dass der Mut zum Risiko manchmal tragische Konsequenzen hat. Und selbst jene, die sich auch in den Ferien eher risikoavers verhalten, können sich unversehens in lebensbedrohlichen Situationen wiederfinden.

Von solchen tödlich-bizarren Reiseunfällen will das vorliegende Büchlein berichten, trotz größtem Respekt vor den Toten stets ein wenig augenzwinkernd – denn manche Fälle kann man ohne Humor einfach nicht ertragen!

Meine Intention ist es keinesfalls, Menschen vom Reisen abzuhalten oder ihnen die Lust auf Grenzüberschreitungen zu nehmen. Vielmehr sollte man es mit dem Extrem-Alpinisten

Reinhold Messner halten: »Wer nichts riskiert, kann nicht einmal scheitern.« Risiken gehören zum Leben dazu – in welchem Maße, das muss jeder von uns für sich selbst entscheiden.

In diesem Sinne wünsche ich Ihnen spannende Erkenntnisse bei der Lektüre und viele unvergessliche und sicherere Reisen!

Herzlichst

Ihr Nicolas Bogislav von Lettow-Vorbeck

1. VERHEERENDE VERKEHRSMITTEL

Wer seine Ferien nicht auf Balkonien verbringen will, für den beginnt der Urlaub mit dem Besteigen eines Verkehrsmittels. Dabei hat jede Fortbewegungsart ihre eingeschworene Fangemeinde: Autofahrer schwärmen von der völligen Ungebundenheit an Abfahrtszeiten, Bahnreisende betonen die wohltuende Entschleunigung auf den Schienen, Flugpassagiere lieben die Zeitersparnis. Und auch am Ferienort sitzen die wenigsten Reisenden wirklich still, sie fliegen mit Helikoptern umher, werden in Ausflugsbooten übers Meer geschippert oder unternehmen Fahrradtouren. Die gefühlte Sicherheit spielt für manche Reisende eine große Rolle und beeinflusst die Wahl der Verkehrsmittel. Laut einer Umfrage der *Apotheken Umschau* sind 8,7 Prozent der Deutschen aus Angst noch nie in ein Flugzeug gestiegen, 8,2 Prozent fühlen sich sehr unwohl an Bord und nur 32,2 Prozent reisen völlig entspannt durch die Lüfte. Statistiker geben an, dass die Wahrscheinlichkeit, bei einem Flugzeugabsturz zu sterben, bei eins zu 29 Millionen liegt. Viel eher fällt ein Urlauber einer gemütlichen Radtour zum Opfer: Die Chance, bei einem Fahrradunfall ums Leben zu kommen, liegt bei vergleichsweise alarmierenden eins zu 340.000!

KROKOCRASH

Im August 2010 befand sich eine Maschine der Fluggesellschaft Filair auf einem Inlandsflug von Kinshasa, der Hauptstadt der Demokratischen Republik Kongo, zum Regionalflughafen Bandundu. 18 Passagiere, eine Stewardess und zwei Piloten waren an Bord des tschechischen Propellerflugzeugs vom Typ Let L-410 Turbolet. Die Piloten hatten bereits den Landeanflug auf den Airport von Bandundu eingeleitet, als der Flieger völlig unerwartet zur Erde stürzte und schließlich in einem Wohnhaus aufschlug. Von den 21 Menschen an Bord überlebte nur ein einziger die Katastrophe. Da die Behörden der Demokratischen Republik Kongo eine Herausgabe des Flugdatenschreibers an internationale Experten ablehnen, wurde bis heute keine abschließende Unfalluntersuchung durchgeführt.

Umso spannender ist deshalb die Erklärung, die der einzige Überlebende den Beamten kurz nach dem Crash zu Protokoll gab: Ein Mitreisender im hinteren Teil des Flugzeugs habe ein etwa ein Meter langes Krokodil heimlich an Bord geschmuggelt und in einer großen Sporttasche versteckt. Während der Landephase habe sich das Reptil aus der Tasche befreit und für Panik unter den Flugreisenden gesorgt. Voller Angst floh die Stewardess vor dem Tier in Richtung Cockpit, sämtliche Flugpassagiere folgten ihrem Beispiel. So geriet die Maschine aus der Balance und stürzte ab. Laut des *Daily Telegraph* existiert ein Video, das zeigt, wie das springlebendige Krokodil aus den Trümmern der Maschine getragen wird. Das Reptil überlebte zwar den Unfall, wurde aber von aufgebrachten Anwohnern mit einer Machete ins Jenseits befördert.

Filmtipp: *Snakes on a Plane*

Im US-amerikanischen Streifen *Snakes on a Plane* aus dem Jahre 2006 sorgt die gefährliche Kombination Luftfahrt und Reptilien für reichlich Spannung und eine Menge unfreiwillige Komik. Gegen Ende des Hollywoodwerks findet der Held eine äußerst unkonventionelle Lösung, um das Schlangenproblem in zehntausend Metern zu lösen ... Die Idee zur Filmhandlung stammt von David Dalessandro, dem Vizekanzler der University of Pittsburgh. Er ließ sich dabei von einem Artikel über Braune Nachtbaumnattern (Boiga irregularis) inspirieren, die während des Pazifikkrieges in amerikanische Militärflugzeuge gekrochen waren.

 Überlebenslektion:

Beim Einstieg in den Flieger ganz genau auf verdächtige Bewegungen im Handgepäck der Mitreisenden achten!

WENN DIE GONDELN TRAUER TRAGEN

Im August 2013 unternahm ein fünfzigjähriger Deutscher gemeinsam mit seiner Ehefrau und drei Kindern eine Gondelfahrt auf dem touristisch sehr gut erschlossenen Canal Grande in Venedig. Die Eltern saßen romantisch in der Mitte des schlanken Bootes, die Kinder im Bug. An der weltbekannten Rialtobrücke herrschte an jenem Tag sehr viel Verkehr, die Wassertaxis (Vaporetti) mussten ständig den Kurs ändern, um drohenden Kollisionen zu entgehen. Bei einem dieser waghalsigen Manöver rammte ein Vaporetto die Gondel mit der deutschen Familie. Durch die Wucht des Aufpralls fiel die dreijährige Tochter ins Wasser, das Mädchen konnte nicht schwimmen und wurde durch einen beherzten Sprung des Gondoliere gerettet. Der fünfzigjährige Familienvater begab sich ebenfalls in die Fluten, wurde dabei allerdings von einem Vaporetto an den Pier gedrückt und zerquetscht. Helfer versuchten, den Deutschen noch an der Unfallstelle zu reanimieren, beim Eintreffen im Krankenhaus wurde er für tot erklärt.

Zur Beerdigung des Familienvaters in Tübingen reisten 16 Gondolieri extra aus Venedig an, um der Witwe und ihren Kindern beizustehen. Die Gondolieri trugen bei der Trauerfeier ihre traditionelle Kleidung und geleiteten den Sarg zur letzten Ruhe.

 Überlebenslektion:

Beim nächsten Venedigbesuch lieber das Vaporetto nehmen, spart auch eine Menge Geld!

DEADSTREAM

Der Maho Beach dürfte vielen Menschen auf der ganzen Welt durch spektakuläre Fotostrecken und unglaublich wirkende You-Tube-Videos vertraut sein. Der einzigartige Strand ist aufgrund der extrem niedrig einschwebenden Flugzeuge der berühmteste Ort des kleinen, zum Königreich der Niederlande gehörenden Landes Sint Maarten in der Karibik. Der Abstand zwischen Fliegerbauch und Sandstrand beträgt hier oft weniger als dreißig Meter. Deshalb warnen zahlreiche Schilder – sehr gut lesbar und lebensecht illustriert – am Maho Beach ausdrücklich davor, sich zu nah am Flughafenzaun des Princess Juliana International Airport aufzuhalten, denn nur ein dünner Maschendrahtzaun trennt die Schaulustigen hier vom etwa fünfzig Meter entfernten Rollfeld.

»Die Leute kennen die Gefahr. Man wird wie ein Stück Papier weggefegt«, beschrieb der Luftfahrtexperte Peter Clark das Gelände. Damit hatte er allerdings nur zum Teil recht, denn ja, man wird wie ein Stück Papier weggefegt. Aber nein: Nicht alle kennen die Gefahr. Eine 57-jährige Neuseeländerin setzte sich über alle Warnungen hinweg, pfiff auf den gesunden Menschenverstand und hielt sich im Juli 2017 am Flughafenzaun fest, um eine Boeing 737-800 aus nächster Nähe beim Start zu beobachten. Die starken Winde aus den Triebwerken der zweistrahligen Maschine rissen die Touristin vom Zaun und wirbelten sie durch die Luft. Sie prallte mit dem Kopf gegen einen Betonblock. Ein herbeigerufener Notarzt konnte die 57-Jährige noch wiederbeleben, sie verstarb aber später im Krankenhaus.

 Überlebenslektion:

Beachten Sie die verdammten Warnschilder!

SCHICHT IM SCHACHT

Im Mai 2015 hörten die Angestellten des Baan Paradise Hotel im thailändischen Patong auf der Ferieninsel Phuket frühmorgens laute Geräusche und Hilfeschreie aus einem ihrer Aufzüge. Laut Anzeigetafel war der Lift im dritten Stock stecken geblieben, die Türen ließen sich per Knopfdruck aber nicht mehr öffnen. Zuerst versuchten die Angestellten, die Türen mit den Händen aufzustemmen, danach rückte die Polizei an, konnte aber ebenfalls nichts ausrichten – die Rufe aus dem Schacht wurden inzwischen immer leiser. Erst einem Mechaniker der Aufzugsfirma gelang es schließlich, die Aufzugtüren zu öffnen, man fand einen toten 54-jährigen Schweizer. Der Mann war zwischen Liftkabine und -schacht eingeklemmt. Maj Teerasak Boonsang von der Polizei Patong sagte: »Wir glauben, dass sich die Aufzugtüren öffneten, bevor die Liftkabine tatsächlich ankam. Der Schweizer ging einfach durch die offenen Türen und fiel mehrere Meter tief in den Schacht. Ein Angestellter hörte das dumpfe Aufprallgeräusch, das entstand, als der Tourist nach unten krachte.« Ein Mitarbeiter des Hotels sagte: »Er war in einem schwachen Zustand, als Polizei und Rettungskräfte ankamen. Wir haben versucht, ihn herauszuholen, aber das Loch war zu eng, er war fast eine Stunde lang gefangen.« Der Schweizer überlebte den Aufprall leicht verletzt, bekam aber im schmalen Schacht zu wenig Luft und erstickte schließlich.

Einen Aufzugabsturz überleben

Etwa siebenhunderttausend Aufzüge gibt es in Deutschland, schätzen Experten. Laut einer TÜV-Statistik starben im Jahr 2013 fünf Menschen in der Bundesrepublik durch Aufzugunfälle. Es ist sehr unwahrscheinlich, aber theoretisch möglich, dass alle Sicherheitsmechanismen versagen und man mit dem Aufzug in die Tiefe stürzt. Dann gilt: Je größer die Absturzhöhe des Aufzugs, desto schneller wird die Absturzgeschwindigkeit – und je höher die Absturzgeschwindigkeit ist, desto geringer wird die Überlebenswahrscheinlichkeit. Stürzt ein Aufzug beispielsweise aus zehn Metern Höhe ab, braucht er etwa 1,43 Sekunden bis zum Aufprall. Während des Sturzes erreicht der Lift eine Geschwindigkeit von 50,42 Kilometern in der Stunde.

Einfach in die Luft zu hüpfen ist übrigens keine gute Strategie, denn ein durchschnittlicher Mensch erreicht dabei nur klägliche fünf Kilometer in der Stunde. Außerdem müsste man auch noch genau den Moment abpassen, in dem der Aufzug auf den Boden kracht. Die bessere Strategie: Legen Sie sich so flach wie möglich auf den Rücken. So reduziert sich die Gefahr von Brüchen und inneren Verletzungen. Dieser Trick rettet Sie allerdings nur bei niedrigen Absturzhöhen.

 Überlebenslektion:

Vergewissern Sie sich vor jedem Einstieg in einen Lift gründlich, ob sich kein dunkler Abgrund vor Ihnen auftut!

TREFFEN SICH ZWEI BALLONS

Im Mai 2013 wollte eine Gruppe von Türkeiurlaubern hoch hinaus, landete aber schmerzhaft auf dem Boden der Tatsachen – im wahrsten Sinne des Wortes. Die Urlauber befanden sich in einem Heißluftballon über der türkischen Region Kappadokien. Staunend genossen sie die grandiose Aussicht, als sich ihnen in etwa dreihundert Metern Höhe ein anderer Ballon näherte. Allen verzweifelten Steuermanövern zum Trotz kam es zum Äußersten: Die Körbe der Ballons kollidierten, der niedriger fliegende Ballon wurde beschädigt und stürzte schnell ab. Eine Touristin aus Brasilien verstarb sofort beim Aufprall, zwei ihrer Landsleute erlagen später im Krankenhaus ihren schweren inneren Verletzungen. 23 Passagiere wurden verwundet, acht von ihnen schwer, die meisten Unfallopfer erlitten Knochenbrüche. Der Ballon war am frühen Morgen in der Gemeinde Göreme gestartet, laut Angaben des Betreibers herrschte gutes Wetter, und der Pilot hatte alle Sicherheitsvorkehrungen beachtet.

Der Nationalpark Göreme und die Felsbauten von Kappadokien wurden 1985 in die Liste des UNESCO-Welterbes aufgenommen. Ballonfahrten erfreuen sich in der Region unter Touristen größter Beliebtheit, deshalb stieg die Anzahl der Tour-Anbieter in den letzten Jahren rasant an.

Lawrence Richard Walters

Am 2. Juli 1982 unternahm der Lastwagenfahrer Lawrence Richard Walters in Los Angeles einen abenteuerlichen Flug auf seinem selbst gebauten Gefährt. Die *Inspiration I* bestand lediglich aus einem Gartenstuhl, an dem 45 heliumgefüllte Wetterballons befestigt waren. Walters hatte erwartet, auf etwa dreißig Meter aufzusteigen, stattdessen befand er sich bald in knapp fünftausend Metern Höhe. Die *Inspiration I* driftete über Long Beach hinweg und kreuzte den Anflugkorridor des Long Beach Airport, mehrere Piloten sahen Walters auf seinem Stuhl und rieben sich verwundert die Augen. Nach rund 45 Minuten in der Luft begann Walters damit, einige der Ballons mit einem Gewehr zu zerschießen. Sein Luftfahrzeug sank daraufhin langsam zur Erde und landete schließlich in den Leinen von Stromkabeln. Sein Flug dauerte rund zwei Stunden – Walters überlebte das Abenteuer unbeschadet und wurde in zweiter Instanz zu einer Geldstrafe von 1.500 US-Dollar verurteilt.

 Überlebenslektion:

Wenn Sie Ihr Leben von einer Menge heißer Luft abhängig machen, kann das schon mal ins Auge gehen!

TOTLANDUNG

Im August 2017 versuchte eine Cessna 152 (Baujahr 1978), auf dem Strand São João da Caparica in der Nähe der portugiesischen Hauptstadt Lissabon notzulanden, kurz nach dem Start auf dem Flughafen in Cascais hatte der einzige Motor der Maschine ausgesetzt. Hunderte Menschen hielten sich an diesem Tag an dem beliebten Badestrand auf und genossen das sonnige Wetter. Strandbesucher berichteten im Sender *SIC Noticias*, dass viele Badegäste in Panik gerieten und vor dem herannahenden Flugzeug davonrannten. Schließlich setzte die Cessna auf dem Strand auf und überrollte dabei einen 56-jährigen Touristen. Danach schlitterte die Maschine mit einem zerschellten Flügel noch etwa fünfzig Meter weiter über den Sand und erfasste ein achtjähriges Mädchen. Beide Opfer erlagen den Folgen des Aufpralls. »Es geschah sehr schnell, es gab keine Möglichkeit, sich darauf vorzubereiten oder wegzurennen«, sagte Enrique Coelho, der sich mit seinem Kind am Strand aufhielt. Zudem soll die Cessna kaum zu hören gewesen sein, als sie tief über den Strand hinwegflog. »Es war nicht klar, ob die Maschine an diesem Strand oder am nächsten landen würde, aber es war klar, dass sie inmitten von Leuten aufsetzen würde«, sagte ein Rettungsschwimmer.

Nach dem Crash versuchten mehrere wütende Strandbesucher, den Piloten zu lynchen. »Die Leute nannten den Piloten Mörder. Viele waren sehr aufgebracht«, sagte ein Augenzeuge der Zeitung *Público*. Nur der Basketballspieler Nicolas dos Santos stellte sich vor den Piloten und rettete ihm damit möglicherweise das Leben.

»Es kamen immer mehr Menschen an den Strand, um den Piloten zu schlagen. Ich stellte mich dazwischen, um eine weitere Tragödie zu verhindern. So warteten wir, bis die Polizei eintraf.«

 Überlebenslektion:
Versuchen Sie unter allen Umständen, landenden Flugzeugen auszuweichen!

CABRIOLET FATAL

Żurrieq ist malerisch am Meer gelegen, weltbekannt ist die Blaue Grotte. Ihr klares Wasser und die eindrucksvollen Höhlen sind eine der beliebtesten Touristenattraktionen Maltas. Eine Urlaubergruppe wollte – wie Abertausende andere vor ihr – im April 2018 die Magie von Żurrieq in einem offenen Sightseeingbus erleben. Die Buspassagiere waren vollkommen von der unvergleichlichen Insellandschaft Maltas geblendet und machten sich gegenseitig auf die zahlreichen Sehenswürdigkeiten aufmerksam. So bemerkten sie viel zu spät die tief hängenden Äste, denen sich der Bus unaufhaltsam näherte. Eine 37-jährige Spanierin und ein 62-jähriger Belgier wurden bei der heftigen Kollision erschlagen. Fünfzig Menschen mussten im Krankenhaus behandelt werden, sechs Passagiere erlitten schwere Verletzungen. Die Opfer saßen ausschließlich auf dem oberen Deck des Sightseeingbusses, die meisten von ihnen erlitten Verletzungen an Oberkörper und Kopf.

Nach Informationen der Zeitung *Times of Malta* war es für den 24-jährigen Fahrer die erste Tour in diesem Jahr, der Mann habe den Job im vergangenen Sommer begonnen. Vielleicht hätte er lieber Würstchenverkäufer werden sollen.

Geschäftsmodell Sightseeingbus

Die Geschichte der Sightseeingbusse begann im frühen 20. Jahrhundert in den USA, damals fungierten alte Lastwagen als Transportmittel. Dank findiger Tour-Anbieter konnten Reisende schon vor knapp hundert Jahren die wichtigsten Sehenswürdigkeiten von US-Metropolen wie New York oder Los Angeles superbequem und in kürzester Zeit abhaken.

Heute ist das Unternehmen *City Sightseeing* mit Sitz im spanischen Sevilla der Weltmarktführer im Bereich der Sightseeingbusse. Ihre roten, oben offenen Doppeldecker sind ein vertrauter Anblick in über 130 Städten auf der ganzen Welt. Das schnelle Wachstum der Marke beruht auf dem Franchise-System, mittlerweile bietet das Unternehmen auch Bootstouren, Zugtouren und Wanderungen an. 2015 beförderte *City Sightseeing* über 14 Millionen Passagiere.

 Überlebenslektion:

Behalten Sie bei Fahrten in offenen Sightseeingbussen stets Ihre Umgebung im Auge, schnelle Reflexe können Leben retten!

GLÜCK UND GLAS

Im ägyptischen Hurghada erfreuen sich Touren mit Glasbo-den-Booten großer Popularität. Der unter der Wasseroberfläche liegende Boden ermöglicht den Passagieren eine freie Sicht auf die vielfältige Unterwasserwelt des Roten Meeres. Im Februar 2012 entschieden sich 16 Touristen für eine Fahrt mit dem zwei-stöckigen Halb-U-Boot *Aquascope*. Laut der Zeitung *EgyNews* war das Boot von Hurghada aus gestartet und sollte die Urlauber in das Gebiet rund um die Insel Magawish bringen. Nach unten herrschte optimale Sicht, aber anscheinend nicht nach vorn: Das Halb-U-Boot raste mit voller Wucht auf ein Korallenriff. Der Glasboden zerschellte, ein deutsches Ehepaar (53 und 51 Jahre alt) und ihr neunjähriger Sohn konnten sich nicht vor den ein-dringenden Wassermassen retten und ertranken.

Besonders tragisch: Laut Polizeiangaben konnte der deut-sche Familienvater zunächst entkommen, »doch als er merkte, dass seine Frau noch in dem Boot war, tauchte er hinab, um sie zu retten, und starb ebenfalls«. Die 13 restlichen Passagiere so-wie acht ägyptische Besatzungsmitglieder konnten sich retten, bevor das Boot kenterte. »Wir haben hier seit Tagen hohe Wellen und Sandsturm, vielleicht hätte das U-Boot bei diesem Wetter nicht in See stechen sollen«, sagte der Betreiber einer Tauch-schule in Hurghada.

 Überlebenslektion:

Wenn Sie mit einem Glasboden-Boot in See stechen, sollten sie sich beim Einsteigen genau vergewissern, wie Sie das Unterdeck im Notfall am schnellsten verlassen können.

ENDSTATION

Ein Niederländer und ein Brite flogen im Dezember 2017 nach Indien. Das Duo wollte kurz nach Neujahr von der Stadt Sawai Madhopur – gelegen im indischen Bundesstaat Rajasthan, dreihundert Kilometer südlich der Bundeshauptstadt Neu-Delhi – nach Agra im Westen des Bundesstaates Uttar Pradesh weiterreisen. Am total überfüllten Bahnhof von Sawai Madhopur hatten die Urlauber große Probleme, den richtigen Bahnsteig zu finden. Versehentlich stiegen sie in den Zug nach Neu-Delhi ein. Als die Touristen durch Mitreisende auf ihren Fehler aufmerksam gemacht wurden, fürchteten sie, an diesem Tag nicht mehr nach Agra zu kommen, daher sprangen sie Hals über Kopf aus dem gerade ausfahrenden Zug. Der 53-jährige Niederländer prallte bei dem leichtsinnigen Manöver unglücklich mit dem Kopf auf den Boden. Er erlitt schwere Kopfverletzungen und wurde im Krankenhaus für tot erklärt, der Brite überlebte den Unfall mit leichten Wunden.

Vielleicht hätten sich die beiden Europäer lieber von der Gelassenheit Mahatma Gandhis inspirieren lassen sollen, er bemerkte einst: »Es gibt Wichtigeres im Leben, als beständig dessen Geschwindigkeit zu erhöhen.«

Überlebenslektion:

Springen Sie auf keinen Fall aus fahrenden Zügen!

ICH FAHR MIT MEINER LATERNE

Gemeinsam mit einer Freundin machte eine 35-jährige Russin im Oktober 2017 Urlaub in der Dominikanischen Republik. Als die Frauen mit einem Mietauto die karibische Insel entdeckten, kam die 35-Jährige auf die Idee, ihren Kopf in den Fahrtwind zu halten. In Ferienlaune ließ die Russin alle Vorsicht fahren und lehnte ihren Körper immer weiter aus dem Autofenster hinaus. Ihre Begleiterin war von dieser stupiden Aktion dermaßen angetan, dass sie begann, diese mit ihrem Handy für die Nachwelt zu dokumentieren. Ganz nebenbei steuerte die Freundin auch noch den Wagen. So war es kein Wunder, dass ihrem Blickfeld der massive Laternenmast entging, an dem das Fahrzeug viel zu nah vorbeifuhr. Die Russin knallte mit ihrem Kopf bei voller Fahrt gegen den Mast, sie wurde noch in ein medizinisches Zentrum in Veron gebracht, dort konnte man allerdings nur noch ihr Ableben durch schwere Schädeltraumen feststellen.

Das Unfallvideo, das die letzten Momente im Leben der Urlauberin zeigt, tauchte auf diversen Online-Plattformen auf und wird dort seither intensiv diskutiert. Es ist nicht schön anzusehen, dient aber hoffentlich wenigstens zur Abschreckung.

Dominikanische Republik und Dominica

Der Name der Dominikanischen Republik (Große Antillen) leitet sich von dessen Hauptstadt Santo Domingo ab. Diese ist nach dem Gründer des Dominikanerordens, dem heiligen Dominikus, benannt. Oft wird die Dominikanische Republik mit dem Inselstaat Dominica (Kleine Antillen) verwechselt. Die Staatsangehörigen von Dominica heißen auf Deutsch Dominicaner. Die Staatsangehörigen der Dominikanischen Republik werden hingegen als Dominikaner bezeichnet, ein einzelner Buchstabe macht hier also den Unterschied zwischen zwei unterschiedlichen Nationalitäten!

 Überlebenslektion:

Sich zu weit aus dem Fenster zu lehnen kann fatale Folgen haben – im übertragenen wie im wörtlichen Sinne!

OANS, ZWOA, G'STORBA

Ein 28-jähriger Australier hatte sich jahrelang danach gesehnt, einmal das Münchner Oktoberfest zu besuchen. Im September 2014 war endlich der große Tag gekommen, und der Mann aus Brisbane flog einmal um die halbe Welt, um in der bayerischen Landeshauptstadt das größte Volksfest der Welt in vollen Zügen zu genießen. Nach einem Tag auf der Wiesn verließ der Australier gegen dreiundzwanzig Uhr das Festgelände. Mit zwei Promille Alkohol im Blut torkelte der Tourist in gebückter Haltung auf die Bayerstraße und wurde dort von einem Taxi erfasst. Der Urlauber prallte auf die Motorhaube, sein Kopf krachte in die Windschutzscheibe, danach wurde der Mann auf die Fahrbahn geschleudert. Statt stehen zu bleiben, setzte der Taxifahrer seelenruhig die Fahrt fort, ließ seine Fahrgäste an der Hackerbrücke aussteigen und kehrte erst nach rund zehn Minuten an die Unfallstelle zurück.

Später sagte er aus, nichts von dem Crash bemerkt zu haben. Passanten leisteten dem Australier Erste Hilfe, zehn Tage später verstarb er im Krankenhaus. Vielleicht hätte er lieber auf dem fünften Kontinent bleiben sollen und dort Kängurus, Schnabeltiere und Opossums gestreichelt.

11 Fakten zum Oktoberfest

1. Die Theresienwiese ist 42 Hektar groß, 31 Hektar davon werden für das Oktoberfest genutzt.
2. Rund achttausend fest angestellte und etwa fünftausend wechselnde Arbeitskräfte werden jedes Jahr beschäftigt.
3. 19 Prozent aller Oktoberfestgäste kommen aus dem Ausland.
4. Zwanzig Prozent aller Fundstücke werden wieder abgeholt.
5. 878 Meter messen die Stehplätze an den Pissoirs der Wiesn.
6. 144 Gastronomiebetriebe gibt es auf dem Oktoberfest, davon bieten 37 Sitzplätze.
7. 119.000 Sitzplätze werden in 16 großen und 21 kleinen Zelten angeboten.
8. Laut des Münchner Wirtschaftsreferats gab der durchschnittliche Besucher anno 2009 bei jedem Besuch 54 Euro aus.
9. 1985 stellte die Wiesn mit 7,1 Millionen Gästen einen Besucherrekord auf.
10. 2008 gaben die etwa sechs Millionen Oktoberfestbesucher rund 830 Millionen Euro in München aus.
11. Die Steigerung des Bierpreises zwischen 1950 und 2010 betrug 942 Prozent.

 Überlebenslektion:

Wenn Sie stark einen im Tee haben, sollten Sie Spaziergänge nebst Straßenüberquerungen unbedingt vermeiden!

SMÖRREBLÖD

Ein 19-jähriger Däne machte im Oktober 2010 die deutsche Hauptstadt Berlin unsicher. Gegen acht Uhr stand der Mann – sichtlich gerädert vom aufregenden Nachtleben der Spreemetropole – am U-Bahnhof Möckernbrücke im Bezirk Kreuzberg. Gelangweilt und seines Lebens überdrüssig, kam er auf die hirnverbrannte Idee, auf das Dach eines Zuges der Linie U1 aufzuspringen. Während ihm der frische Morgenwind um die Nase wehte, reiste der Wikinger-Nachfahre vergnügt in Richtung Warschauer Straße. Leider wusste der junge Mann in seiner jugendlichen Selbstüberschätzung nicht, dass die Strecke dorthin von zahlreichen Brücken gesäumt wird – nur wenige Zentimeter beträgt der Abstand zwischen U-Bahn-Dach und massiven Stahlträgern. Die männlichen Unbesiegbarkeitsfantasien endeten schon nach wenigen Augenblicken – und ausgesprochen tragisch: Der Tourist wurde bei der Durchfahrt der ersten Brücke erfasst und vom Dach der Bahn geschleudert. Er blieb regungslos auf den Gleisen liegen, der Fahrer der nachfolgenden Bahn erkannte den 19-Jährigen zu spät. »Trotz sofortiger Notbremsung wurde der Jugendliche von drei Waggons des Zuges überrollt«, sagte ein Sprecher der Berliner Polizei. Ärzte konnten nur noch den Tod des 19-Jährigen feststellen.

Bahn-Surfen

Als S- oder U-Bahn-Surfen wird das Festklammern an der Außenwand eines fahrenden Zuges bezeichnet. Vor allem unter Jugendlichen gilt das Bahn-Surfen als Mutprobe. Das Wort Transfer bezeichnet hierbei ein Manöver, bei dem der Surfer den Zug während der Fahrt durch ein Fenster verlässt und durch das nächste Fenster wieder hereinkommt. Wenn der Surfer auf das Dach des Zuges klettert, so spricht man von Roofride, dies ist die gefährlichste Variante des Bahn-Surfens. Neben der Gefahr des Zusammenstoßes mit Hindernissen – wie Oberleitungsmasten, Bäumen oder Schildern – droht auch ein Schlag durch die elektrischen Leitungen. Im Jahre 2008 starben allein in Deutschland vierzig Kinder und Jugendliche beim Bahn-Surfen.

Zum Verhindern dieser extrem risikoreichen Freizeitaktivität ist in vielen Zugtypen eine Sperre eingebaut, die das Öffnen der Türen während der Fahrt unmöglich macht, auch die Zugfenster sind deshalb bis auf ein Oberlicht nicht zu öffnen. Bei den neueren Triebfahrzeugen der Deutschen Bahn wird zudem auf Trittstufen verzichtet.

 Überlebenslektion:
Bahn-Surfen ist kein Kick für coole Jungs und Mädchen, sondern Selbstmord pur für Vollidioten!

DAS STERBEN IST KEIN PONYHOF

Eine gemächliche Fahrt mit einem Ponywagen durch die urwüchsige, beruhigende Landschaft Irlands – es gibt wohl kaum etwas auf dieser Welt, was sich derart harmlos und beschaulich anhört. Genau das dachte sich wohl auch ein älteres US-amerikanisches Touristenpärchen, das im April 2018 gemeinsam mit Familienmitgliedern Urlaub auf der Grünen Insel machte. Die Gruppe reiste mit mehreren Ponywagen zur szenischen Dunloe-Schlucht im Südwesten Irlands. Doch als sich die Touristen bereits auf dem Rückweg befanden, schlug das Schicksal unerbittlich zu: Eines der Ponys ging durch, der Wagen mit dem Ehepaar kollidierte mit einer Brücke, kippte um und stürzte etwa neun Meter in einen steinigen Fluss. Die beiden US-Amerikaner erlitten schwere Kopfverletzungen, sie konnten nur noch tot geborgen werden. Der junge Kutscher überlebte ohne größere Verletzungen, das Pony wurde bei dem Sturz verwundet und musste eingeschläfert werden.

Bereits im Mai 2017 war es in der Gegend zu einem gefährlichen Zwischenfall gekommen: Damals wurden drei Urlauber aus einem Ponywagen geschleudert, weil ein Tier unvermittelt durchgegangen war.

 Überlebenslektion:

Nicht jedes Pony ist so lieb, wie es aussieht!

NEBLI

Es gibt nur wenige Dinge auf der Welt, die so viel Harmlosigkeit ausstrahlen wie eine Fahrt in einer Normalspur-Zahnradbahn auf das malerische Bergmassiv Rigi, gelegen zwischen dem Vierwaldstättersee, dem Zugersee und dem Lauerzersee in der Zentralschweiz. Gemeinsam mit einer Reisegruppe wollte ein 69-jähriger Südkoreaner im November 2018 die Schönheit der Schweiz aus nächster Nähe erleben. Die Gruppe wanderte vom Tal aus zur Rigi, vor lauter Entzückung über die alpine Landschaft trennte sich der Mann spontan von seinen Mitreisenden und verschwand wie ein Geist im dichten Nebel, die Mitreisenden bemerkten sein Fehlen erst später auf dem Gipfel.

Die extrem schlechte Sicht sorgte dafür, dass der Urlauber nicht nur wenig Freude an der Szenerie hatte, sondern auch flugs die Orientierung verlor, versehentlich auf die Bahntrasse geriet und um 14.45 Uhr von einem bergwärts fahrenden Zug erfasst wurde – der Rettungsdienst konnte nur noch seinen Tod feststellen. Stefan Otz, CEO der Rigibahnen, sagte: »Es gibt dort entlang der Gleise zwar Wanderwege, aber diese befinden sich nicht direkt daneben. Es ist unerklärlich, was ein Gast dort auf den Gleisen gemacht hat. Überall weisen Piktogramme darauf hin, dass das Betreten und Berühren der Bahnanlage verboten ist.«

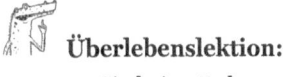 **Überlebenslektion:**

Betreten Sie keine Bahntrassen!

2. SCHÄDLICHER SPORT

Bereits neunzig Minuten sportliche Betätigung pro Woche senken das Sterberisiko um 14 Prozent. Schon lange weiß die Wissenschaft, dass Sport die Wahrscheinlichkeit von Herz-Kreislauf-Erkrankungen, Diabetes und Krebs reduziert und so lebensverlängernd wirkt. Viele Menschen schmieden deshalb in der Alltagsferne exotischer Orte gute Vorsätze und versuchen, vielleicht als Ausgleich zu übermäßigen kulinarischen Genüssen, in den Ferien ein wenig sportlicher zu werden. Gleichzeitig birgt jeder Sport natürlich ein gewisses Verletzungsrisiko. Das gilt in besonderem Maß für den Bereich des Funsports, jenem schwer zu greifenden Pseudoanglizismus, der verschiedene Trend- und Extremsportarten beschreibt. Fest steht, dass beim Funsport eher Erlebnis und nicht Leistung oder Erfolg im Mittelpunkt stehen.

Meist muss der Urlauber mit Funsport-Ambitionen den Fähigkeiten des jeweiligen Anbieters blind vertrauen, etwa beim Bungee-Jumping, wo schon der kleinste Fehler schwerwiegende Folgen haben kann. Die Chance, beim Bungee-Jumping tödlich zu verunfallen, liegt übrigens bei eins zu fünfhunderttausend. Tauchen hört sich wesentlich harmloser an, ist aber im Vergleich deutlich gefährlicher – hier liegt die Todesrate bei eins zu 34.400.

EINMAL
RUMKUGELN BITTE

Im Januar 2013 wollten ein 27-jähriger Russe und ein Freund im Nordkaukasus den Trendsport Zorbing austesten. Die beiden Männer bestiegen hierzu gemeinsam eine durchsichtige Kunststoffkugel, die den Abhang eines Skigebiets herunterrollen sollte. Während die Welt der beiden Männer immer stärker durcheinandergewirbelt wurde und langsam verschwamm, bemerkten sie höchstwahrscheinlich nicht, dass ihr mobiles Kunststoffzuhause langsam, aber sicher von der Bahn abkam und schließlich einen Abhang voller schroffer Felsen hinabrollte. Für den 27-Jährigen endete das Abenteuer Zorbing tödlich, sein Freund erlitt eine Gehirnerschütterung. Zahlreiche Menschen wurden ungewollt Zeugen der Tragödie.

Später tauchte im Internet ein dramatisches Video auf, das den Unfall sehr eindrücklich illustriert. Im Film ist gut zu sehen, dass der Hang – aufgrund der extremen Fahrlässigkeit des Anbieters – weder mit Absperrungen noch mit vergleichbaren Schutzvorrichtungen gesichert war. Vielleicht hätten die beiden Urlauber vorher einen genauen Blick auf die Piste werfen sollen? Nach dem Unfall wurde der 25-jährige Veranstalter festgenommen, nach Polizeiangaben verfügte er über keinerlei Lizenz für den Funsport.

Zorbing

Zorbing wurde in den 1990er-Jahren von Dwane van der Sluis und Andrew Akers in Neuseeland erfunden. Bei dieser Freizeitaktivität rollen einer oder mehrere Menschen in einer aufblasbaren, oft transparenten, doppelhülligen PVC-Kugel einen Abhang hinunter. Das hierfür benötigte Gerät wird Zorb genannt, es besteht aus zwei Kugeln. Die kleinere (Durchmesser 1,80 Meter) befindet sich in der größeren (Durchmesser 3,20 Meter). Der Zwischenraum wird mit etwa 14 Kubikmetern Luft gefüllt, mehr als tausend kurze Seile sorgen dafür, dass der Abstand der beiden Kugeln konstant bleibt. Der Einstieg erfolgt durch einen taillierten Tunnel, der durch beide Hüllen führt, im Inneren sind meist Gurte oder Griffe zum Festhalten angebracht.

 Überlebenslektion:
Wählen Sie Ihren Funsport-Anbieter sorgfältig und ganz in Ruhe aus!

LOST IN TRANSLATION

In der nordspanischen Provinz Kantabrien war eine 17-jährige Niederländerin gemeinsam mit ihren Freunden ganz wild darauf, einmal an ihre Grenzen zu gehen. Die Wahl der Jugendlichen fiel schließlich auf ein Bungee-Abenteuer, dazu vertrauten sie sich einem lokalen Funsport-Spezialisten an. Nach dem Bezahlen wurde die Gruppe im Wagen des Anbieters zu einer Autobahnbrücke bei Cabezón de la Sal gefahren. Unter den Anweisungen eines Sprunginstrukteurs sollten die Teenager von der Plattform unter der Brücke springen. Ohne sich groß etwas zu denken, befestigte der Instrukteur das lebensrettende Bungee-Seil zuerst an der 17-Jährigen, statt es vorschriftsmäßig vorher an der Brücke zu sichern. Der Mann handelte nicht nur äußerst dämlich, er verfügte zudem über miserable Sprachkenntnisse. Deshalb klang seine Anweisung »no jump« (»nicht springen«) für die arglose Urlauberin wie »now jump« (»spring jetzt«) – sie sprang und starb vor den Augen ihrer Freunde.

Laut spanischer Medien ist Bungee-Jumping an dieser Brücke ausdrücklich verboten, zudem war die Touristin zu jung für den Sprung. Doch niemand beim Bungee-Anbieter hatte in Erwägung gezogen, ihre Volljährigkeit zu überprüfen.

 Überlebenslektion:

Bei Ferienaktivitäten wie Bungee-Jumping ist eine perfekte Kommunikation lebensnotwendig. Testen Sie die Sprachkompetenzen des Anbieters immer mit ein wenig Small Talk, bevor Sie buchen!

SPREE? NEE!

Waren es die Folgen einer langen Partynacht, eine kuriose Wette oder einfach nur grenzenloser amerikanischer Pioniergeist? Auf jeden Fall hielt es ein zwanzigjähriger US-Amerikaner im Juni 2017 für eine dufte Idee, seinen Berlinbesuch mit einem morgendlichen Bad in der Spree zu krönen. Kurz nach sechs Uhr morgens sprang der Urlauber gemeinsam mit einem Freund am Kupfergraben (in der Nähe des Bode-Museums an der Nordwestspitze der Museumsinsel) von einem Steg direkt in einen Seitenarm der Spree. Die Außentemperatur betrug in dieser frühen Stunde kühle 13 Grad, der Fluss war weitaus eisiger. Nach einigen Minuten Badevergnügen kletterte der Reisebegleiter fidel wieder ans sichere Ufer, doch der Zwanzigjährige war spurlos in den Fluten verschwunden. Spontan bot eine Rettungsschwimmerin aus Dänemark – sie befand sich zufällig in der Nähe – Hilfe an, sprang ins Wasser und suchte nach dem Mann. Doch sie musste ihre Suche im kalten Wasser ergebnislos abbrechen. Erst Feuerwehrtaucher fanden den Untergegangenen nach gut halbstündiger, fieberhafter Suche. Notärzte versuchten, den Touristen an Land wiederzubeleben, er wurde noch in eine Klinik gefahren und verstarb dort. Das Baden ist an der Stelle, an der sich der Unfall ereignete, streng verboten.

 Überlebenslektion:

Badepartien unter Alkohol- oder Drogeneinfluss sind ein tödliches Risiko, das Sie unter allen Umständen vermeiden sollten!

ERFAHREN

Im August 2017 brach ein 21-jähriger Deutscher im US-Bundesstaat Nevada zu einem morgendlichen Tandem-Fallschirmsprung auf. Große Gedanken um den Ablauf und eventuelle Sicherheitsvorkehrungen musste er sich nicht machen, schließlich hatte seine 43-jährige amerikanische Trainerin alles ganz lässig im Griff. Die Frau war äußerst erfahren, strahlte Ruhe aus, und jeder Handgriff bei ihr saß. Mehr als 1.500 Sprünge hatte sie bereits erfolgreich absolviert, was sollte da schon schiefgehen? Abgesehen davon gilt das Unfallrisiko beim Fallschirmspringen statistisch gesehen als vergleichsweise gering: Nach Angaben des US-Verbandes der Fallschirmspringer wagten im Jahre 2016 rund 3,2 Millionen Menschen das luftige Abenteuer, lediglich 21 Personen davon kamen bei Unfällen ums Leben. Das Duo sprang also zuversichtlichst aus dem Flugzeug. Eine neue Welt eröffnete sich für den Deutschen – er genoss den freien Fall und den wohligen Adrenalinkick. Doch als die geübte Trainerin den rettenden Fallschirm betätigte, wie sie es zuvor schon so oft getan hatte, folgte die tödliche Ernüchterung: Er funktionierte nicht.

Wie gefährlich ist Fallschirmspringen?

Zwischen 1996 und 2011 starben 81 deutsche Staatsbürger bei Fallschirmsprüngen im In- und Ausland, dies entspricht durchschnittlich sechs Personen pro Jahr. Interessant: Die absolute Zahl der Sprünge hat sich in den letzten Jahren erhöht, die der Unfälle aber nicht, Fallschirmspringen wird somit immer sicherer. Laut den Erhebungen des Deutschen Fallschirmsport Verbandes e. V. liegt die durchschnittliche Wahrscheinlichkeit eines Unfalls bei 0,026 Prozent und die eines tödlichen Sprungs bei 0,0013 Prozent. Steffen Hanselka vom Fallschirmsport-Anbieter *Airtime* konstatiert: »Fallschirmspringen ist nicht gefährlich. Wenn man einmal außer Acht lässt, dass ich mit meinem Auto zum Flugplatz muss.«

 Überlebenslektion:
Bedenken Sie in aller Demut, dass auch ausgefuchste Funsport-Profis keine unfehlbaren Maschinen sind!

THE HEAT IS ON

Ein zauberhafter Tag im fernen Australien, die Sonne lacht vom blauen Himmelszelt, mystisch thront der markant rote Sandsteinmonolith Uluru (früher bekannt als Ayers Rock) in der kargen Wüstenlandschaft. Wir schreiben den Juli des Jahres 2018, und im Angesicht von so viel Schönheit packt der Ehrgeiz den Geist eines 76-jährigen Japaners. Trotz sengender Hitze und steilem Aufstieg wird er heute diese australische Ikone besteigen, mit einem Lächeln auf den Lippen! Vielleicht trank der Japaner zu wenig Wasser, vielleicht war seine Geschwindigkeit zu ambitioniert, vielleicht war es einfach nicht sein Tag – auf jeden Fall kollabierte der 76-Jährige auf halbem Wege zum Gipfel. Rettungssanitäter versuchten, den Mann vor Ort wiederzubeleben, der Tourist wurde mit einem Hubschrauber ins nächste Krankenhaus geflogen, dort konnte man nichts mehr für ihn tun.

Etwa 250.000 Touristen nehmen jedes Jahr eine weite Reise auf sich, um in das abgelegene Gebiet zu kommen, in dem der Uluru liegt. Über dreißigtausend von ihnen besteigen den rund 350 Meter hohen Berg. Der 1,6 Kilometer lange Aufstieg ist anstrengend, vor allem für ältere und gesundheitlich angeschlagene Personen. Mindestens 36 Menschen starben bereits beim Erklimmen des Uluru, die meisten davon an Herzinfarkt.

Heiliger Berg

Schon seit Langem fordert der Aborigine-Stamm der Anangu, die seit mindestens dreißigtausend Jahren in der Nähe des Uluru leben, das Verbot jeglicher Klettertouren. Der Berg gilt dem Stamm als heilig. Im November 2017 beschloss die Parkbehörde einstimmig ein Kletterverbot, dieses soll 2019 in Kraft treten. Sammy Wilson – der Vorsitzende der Behörde und selbst ein Anangu – sagte: »Das ist für uns heiliges Gelände. Kein Spielplatz und auch kein Themenpark wie Disneyland.«

Der Name Uluru wurde bis in die 1990er-Jahre nahezu ausschließlich von Aborigines verwendet, heute hat er sich international durchgesetzt. Die frühere Bezeichnung Ayers Rock geht auf Henry Ayers, den ehemaligen Premierminister Südaustraliens, zurück.

 Überlebenslektion:

Auch im Urlaub sollten Sie Ihr Lebensalter und eventuelle Erkrankungen nicht komplett ignorieren. Ihr Geist mag in den schönsten Wochen des Jahres wie ausgetauscht sein, Ihr Körper ist es nicht.

SMOKE ON THE WATER

Ein 34-jähriger Belgier hatte im November 2017 das Glück, die Schönheit der indonesischen Insel Bali mit allen Sinnen erleben zu dürfen. Wie viele andere Touristen wollte er im Urlaub etwas Neues lernen und buchte eine Anfänger-Surfstunde bei einem lokalen Anbieter. Gemeinsam mit seinem Lehrer pflügte der Belgier bald immer gewandter durchs Wasser, doch mitten in seinen Ambitionen wurden die beiden von einem heftigen Tropengewitter überrascht. Der Surflehrer des 34-Jährigen hatte wohl im Physikunterricht geschlafen und dachte nicht im Traum daran, sich mit seinem Schützling schleunigst an Land zu begeben. So vereinigte sich Unwissenheit mit Pech und formierte sich zum tödlichen Schicksal.

Oder in den nüchternen Worten des Chefs der Kriminalpolizei von Nord-Kuta, Putu Ika Prabawa: »Es war genau vor dem Batu-Bolong-Tempel, als der Belgier von einem Blitz getroffen wurde. Nach dem Vorfall hatte die Brust des Opfers eine blaue Farbe, und er war bewusstlos. Der Lehrer war auch blau an seinem linken Oberschenkel.« Es war nicht mehr möglich, den 34-Jährigen ins Leben zurückzuholen, sein unvernünftiger Lehrer hatte hingegen Glück und überlebte. Vielleicht wird er zukünftig nicht mehr bei Gewitter aufs Surfbrett steigen.

Surfen und Gewitter

Wie viele Menschen jährlich von Blitzen getroffen werden, erfasst keine zentrale Statistik. Wissenschaftler schätzen die Zahl auf rund eintausend Personen, ungefähr ein Drittel davon verstirbt. Gewitter entladen sich lieber über Land, Gebirgsseen sind gefährdeter als offene Gewässer oder das Meer. Wird ein Surfer auf dem Wasser von einem Gewitter überrascht, muss er sich schnellstmöglich ans Ufer begeben. Ist dies nicht mehr möglich, sollte das Segel (Rigg) ins Wasser fallen gelassen werden. So reduziert sich die Gefahr eines direkten Blitzschlags. Zudem ist es sehr wichtig, das Brett nicht zu verlassen. Stattdessen raten Experten, sich mit geschlossenen Füßen auf das Surfbrett zu hocken und die Knie mit beiden Armen zu umfassen.

 Überlebenslektion:

Auch als absoluter Anfänger und in Begleitung eines scheinbar kompetenten Lehrers sollte man niemals die Naturgesetze ignorieren.

FATALER WINDSTOß

Im Juli 2017 genoss eine 12-jährige US-Amerikanerin auf dem Newfound Lake (New Hampshire) gemeinsam mit ihrer Familie die Freuden des Wasserski. Die kleine Urlauberin glitt elegant über das azurblaue Wasser, gezogen wurde sie von einem Speedboot, das ihr Vater umsichtig steuerte. Auf einmal kam eine große Welle, das Mädchen stürzte von ihren Skiern und kam nicht mehr von selbst auf die Beine. Statt umständlich zu wenden, legte Daddy einfach den Rückwärtsgang ein und fuhr behutsam auf seine Tochter zu. Bedauerlicherweise fegte just in diesem Moment ein plötzlicher Windstoß den Hut vom Kopf des Familienvaters. Der Mann geriet in Panik, war für einen Augenblick abgelenkt und verlor schließlich die Kontrolle über sein Wasserfahrzeug. Das stark motorisierte Boot fuhr unkontrolliert nach hinten und kollidierte mit dem Mädchen, der Vater konnte nicht mehr rechtzeitig abbremsen. Die Zwölfjährige zog sich schwerste Verletzungen zu. Am Strand versuchte man verzweifelt, sie wiederzubeleben, doch sie verstarb, bevor sie in ein Krankenhaus gebracht werden konnte. An Bord des Bootes wurden auch die Ehefrau des Urlaubers und eine weitere Tochter Zeugen des schrecklichen Unglücks.

 **Überlebenslektion:**

Bei manchen Aktionen kann auch eine kleine, reflexartige Un-
aufmerksamkeit fatale Folgen haben. Versuchen Sie, auch bei
Windstößen, Spinnen oder Bienen nicht in Panik zu verfallen!

PHUKET SEHEN UND STERBEN

Im Juli 2017 besuchte ein 71-jähriger Australier gemeinsam mit seiner Frau das thailändische Ferieneiland Phuket. Am Kata Beach an der Westseite der Insel entschied sich der Mann spontan für eine Parasailing-Tour und freute sich darauf, Phuket einmal aus einer völlig anderen Perspektive erleben zu dürfen. Gemeinsam mit Rungroj Rakscheep, einem erfahrenen Mitarbeiter des Parasailing-Anbieters, startete der Australier zu einem Tandem-Flug. Als sich das australisch-thailändische Duo in einer Höhe von etwa vierzig Metern befand, begann der 71-Jährige unvermittelt, aus seinem Sicherheitsgurt zu rutschen. Verzweifelt versuchte sein Flugpartner, ihn festzuhalten, für einige Sekunden packten seine Hände den abenteuerlustigen Senioren, doch dann entglitt er dem Thailänder und stürzte in die Tiefe. Helfer zogen den Australier aus dem Wasser, er hatte große Probleme zu atmen und erlag später im Krankenhaus seinen Verletzungen.

Ein Polizist meinte gegenüber der *Phuket Gazette:* »Mister Rungroj sagte uns, dass der Australier nervös und panisch war, sich aus Versehen abschnallte. Er habe vergeblich versucht, ihn zu beruhigen.« Die thailändische Polizei stellte im Rahmen ihrer Ermittlungen fest, dass die Ausrüstung des Anbieters völlig intakt war.

Überlebenslektion:

Auch wenn Sie sich an exotischen Orten möglicherweise mutiger fühlen als daheim, sollten Sie persönliche Ängste wie beispielsweise Höhenangst niemals völlig aus den Augen verlieren – lieber behutsam und in kleinen Schritten an Neues herantasten.

PROPELLERFISCH

Ein 54-jähriger Chinese brach im Februar 2018 zu einer morgendlichen Tauchtour nahe der philippinischen Insel Apo auf. Die Insel ist weltweit bei Tauchern und Schnorchlern äußerst beliebt, da rund 74 Hektar Meeresgebiet an der Südostküste von Apo als Schutzzone ausgewiesen sind. Naturliebhaber können hier einzigartige Korallengebiete bestaunen. Die Ehefrau des Urlaubers zog trotzdem die Behaglichkeit eines Motorbootes vor und fotografierte ausgiebig die Tauchabenteuer ihres Gatten. Die farbenprächtige Meereswelt beanspruchte die Aufmerksamkeit des Chinesen dermaßen, dass er alle anderen Dinge in seiner unmittelbaren Umgebung völlig außer Acht ließ. Was sich ihm dann in dieser entrückten Verfassung näherte, war kein Fisch, sondern ein weiteres, deutlich größeres Motorboot. Ausgerechnet als über ihm der Propeller des Kahns vorbeizog, entschied sich der 54-Jährige, wieder an die Oberfläche zurückzukehren – der Schiffspropeller traf ihn direkt am Schädel. Man brachte den Touristen noch ins Krankenhaus, doch es war zu spät. Der Kapitän des Bootes gab später zu Protokoll, dass er im Leben nicht damit gerechnet hätte, dass ein Mensch während seiner Vorbeifahrt aus der Tiefe auftauchen würde – wozu hat man schließlich Augen im Kopf.

 **Überlebenslektion:**

Augen auf!

MEIN FEIND, DER BAUM

Im Januar 2015 wagte eine 35-jährige US-Amerikanerin gemeinsam mit ihrem Mann eine wilde Rafting-Tour auf dem Fluss Sarapiquí im mittelamerikanischen Costa Rica. Die Ufer des Sarapiquí bestehen hauptsächlich aus tiefgrünem tropischen Regenwald. Besucher aus aller Welt lieben die Touren, weil man auf der Fahrt mit ein wenig Glück Faultiere, Affen und unzählige schillernde Vogelarten aus nächster Nähe beobachten kann. Höhepunkt des Abenteuers war die Durchfahrt einer Reihe von Stromschnellen, die das Boot souverän meisterte. Nicht so seine Insassen: Die 35-Jährige und eine andere Frau wurden bei dem rasanten Ritt ins reißende Wasser geschleudert. Während das eine Stromschnellen-Opfer nach kurzer Zeit wieder ans sichere Ufer gezogen werden konnte, geriet die Amerikanerin unversehens in einen gefährlichen Sog. Verzweifelt versuchten die übrigen Bootsinsassen, die schockstarre Frau aus der tödlichen Gefahr zu retten. Allerdings wurde die Touristin zu allem Unglück auch noch unter einen Baum am Uferrand gespült, der die Rettung erheblich erschwerte. Die bedauernswerte 35-Jährige hing fest, erst nach zahlreichen bangen Minuten konnte sie endlich befreit werden. Leider gelang es einem Rettungsteam nicht mehr, die Urlauberin wieder ins Leben zurückzuholen.

 **Überlebenslektion:**

Immer gut festhalten!

AUSGEBOOTET

Im Januar 2016 urlaubte ein 19-jähriger Südkoreaner gemeinsam mit seiner Familie im idyllischen Bintan Lagoon Resort auf der indonesischen Insel Bintan. Zusammen mit seinem Bruder wünschte sich der junge Mann nichts sehnlicher als eine Fahrt mit einem Bananenboot – augenscheinlich ein harmloses Vergnügen, das selbst vorsichtige Mütter ihren Kindern gestatten würden. Nach einem etwa zehnminütigen Ritt auf der albernen bananengelben Gummiröhre fielen die beiden Brüder ins Wasser. Dieser Reigen von Gewöhnlichkeiten endete, als die beiden Hotelangestellten ihr Schnellboot, mit dem die Pseudo-Banane gezogen wurde, zurücksetzten und dabei aufgrund heftiger Wellen aus den Sitzen befördert wurden. Führerlos, aber mit reichlich Pferdestärken raste das Schnellboot durchs Wasser und nahm ausgerechnet Kurs auf die beiden hilflos dahintreibenden Südkoreaner. Der Aufprall war heftig und folgenreich, beide Geschwister wurden von der Schiffsschraube verletzt, der 19-Jährige erlag seinen schweren Verletzungen, sein Bruder kam mit dem Leben davon. »Unglücklicherweise wurden die Angestellten aus dem Boot geworfen, weil sie zu schnell gegen die Wellen fuhren«, sagte Polizeisprecher Iptu Awal Harahap der Zeitung *The Jakarta Post*.

 **Überlebenslektion:**

Vorsicht vor Schiffsschrauben!

LOTTERIEUNGLÜCK

Ein 49-jähriger Belgier begab sich im August 2018 gemeinsam mit seinem Sohn auf einen Hike zur berühmten Felsformation *The Wave* im US-Bundesstaat Arizona. Die Sonne brannte erbarmungslos vom Firmament herab, nirgendwo gab es ein schattiges Plätzchen zum Verschnaufen, und wahrscheinlich vergaß der Familienvater auch das regelmäßige Trinken. So war es kein Wunder, dass sich sein Geist zunehmend verwirrte, bald plapperte er wirres Zeug und behauptete, den Weg zur Felsformation vergessen zu haben. Geistesgegenwärtig und völlig auf sich allein gestellt, spurtete sein 16-jähriger Filius zum Ausgangspunkt des Wanderwegs zurück, glücklicherweise versagte seine Orientierung nicht, und er konnte ein Rettungsteam alarmieren. Erst Stunden später wurde der Belgier aufgespürt, leider war er bereits tot und stark ausgetrocknet – Todesursache: Überhitzung des Körperinneren. »Besucher sollten ihre Wanderung sehr früh am Morgen beginnen, um vor der Nachmittagshitze fertig zu sein«, hieß es aus dem Büro des Sheriffs. Nur zwanzig Menschen pro Tag dürfen das geologisch bedeutende Areal durchwandern, sie werden durch eine Lotterie ausgewählt. Die Strecke ist rund neun Kilometer lang, die durchschnittliche Tagestemperatur im Sommer beträgt rund 35 Grad.

 Überlebenslektion:

Trinken Sie bei Wanderungen ausreichend Wasser, machen Sie genügend Pausen und vermeiden Sie extreme Hitze!

VOM WINDE VERWEHT

Ein 39-jähriger Deutscher ging im Mai 2016 gemeinsam mit seinen Freunden auf der dänischen Insel Rømø dem Trendsport Kitesurfen nach. Die Gruppe wählte hierzu den Sønderstrand, ein beliebtes Gebiet in der Kitesurfer-Szene. Um 14.43 Uhr wurde der Deutsche laut Zeugenaussagen von einem starken Windstoß erfasst, in die Höhe gezogen und stürzte dann aus über zehn Metern Höhe auf den Sandstrand. Alles ereignete sich so schnell und unerwartet, dass seine Freunde das schreckliche Ereignis völlig überrascht und hilflos mit ansehen mussten. »Er ist auf den Rücken gefallen. Dann hat der Wind seinen Schirm erneut erfasst und ihn hochgepustet«, sagte ein Sprecher der dänischen Polizei. Der 39-Jährige wurde schnellstmöglich in ein Krankenhaus gefahren und verstarb dort wenige Stunden später.

Das statistische Unfallrisiko beim relativ jungen Sport Kitesurfen wird kontrovers diskutiert. Die bisher veröffentlichten Studien beschäftigen sich nämlich mit den Unfallursachen und nicht mit der Unfallhäufigkeit. Fest steht, dass rasche Wetteränderungen – vor allem überraschend aufkommender Sturm – eine besondere Gefahr für Kitesurfer darstellen.

Kitesurfen

Kitesurfen wird auch als Kiteboarden oder Lenkdrachen-segeln bezeichnet und ist aus dem Kitesailing – Segeln mit Lenkdrachen – entstanden. Bereits 1826 experimentierte der Engländer George Pocock zum ersten Mal mit einem lenkbaren Bogendrachen und einer Kutsche, er erreichte eine Geschwindigkeit von dreißig Stundenkilometern. Seine Erfindung geriet aber schnell in Vergessenheit, erst in den späten 1970er-Jahren sorgte die Entwicklung der stabilen und reißfesten Aramid- und Polyethylenfasern für einen regelrechten Kite-Boom. 2012 schätzten zwei Kitesurfing-Verbände, dass weltweit rund 1,5 Millionen Menschen den Sport regelmäßig betreiben, etwa 250 Millionen US-Dollar sollen jährlich damit umgesetzt werden.

 Überlebenslektion:

Bitte informieren Sie sich vor Aktivitäten im Freien im Vorfeld so gut wie möglich über die Wetterverhältnisse in den nächsten Stunden.

IONISATION GOLF

Eine 39-jährige Britin besuchte im November 2017 gemeinsam mit ihrem Ehemann das traumhaft gelegene Sueno Golf Hotel nahe der Stadt Belek an der südlichen Mittelmeerküste der Türkei. Laut Wetter-App sollte es zwar bewölkt, aber trocken bleiben, daher wollten sie ihren ersten Ferientag komplett auf der weitläufigen Golfanlage des Hotels verbringen. Die ersten Abschläge lagen hinter ihnen, da wurde das Paar – ganz entgegen der Wettervorhersage – erst von einem heftigen Donnergrollen, dann von einem heftigen Regenguss überrascht. »Meine Frau ging zu einer Seite des Fairways, die Gegend war von Tausenden sehr hohen Bäumen umschlossen. Ich ging zur anderen Seite, wir beide hockten uns hin und spannten unsere Regenschirme auf. Dann gab es einen gewaltigen Donnerschlag, ich drehte mich um und konnte ihren Regenschirm nicht mehr sehen. Ich bin zu ihr gerannt, und dann wurde mir klar, dass sie getroffen worden war«, erinnerte sich der Ehemann der Britin. Die 39-Jährige erlitt durch den Blitzschlag einen Herzstillstand, sie wurde zuerst in der Türkei behandelt und dann mit einem Privatjet nach Großbritannien geflogen – zwölf Tage nach dem tragischen Unfall starb sie im Peterborough City Hospital.

Sechs Gewittertipps für Golfer

1. Begeben Sie sich wenn möglich ins Klubhaus oder in Schutzhütten mit Blitzschutzanlagen.
2. Golfbags, Schläger und Trolleys unbedingt zurücklassen.
3. Meiden Sie erhöhte Lagen wie Hügelkuppen.
4. Hocken Sie sich in eine Mulde nieder.
5. Berühren Sie keine Zäune oder Stangen.
6. Fassen Sie unter keinen Umständen andere Menschen an.

 Überlebenslektion:

Auch wenn es nur selten zu tödlichen Unfällen kommt, sollte man die Gefahr durch Blitzschlag keinesfalls ignorieren!

WENN DER GURT MURRT

Eine 53-jährige Deutsche erholte sich im August 2015 im österreichischen Bundesland Tirol. Da ihr der ewige Kaiserschmarrn und die täglichen Jodelkurse irgendwann zu eintönig wurden, wandte sich die Frau begeistert dem Gleitschirmfliegen zu, schon bald erlebte sie die märchenhafte Alpenszenerie aus einer völlig neuen Perspektive. Nachdem sie schon einige Erfahrung gesammelt hatte, wurde einer ihrer Flüge unversehens zum Albtraum: Augenzeugen am Boden bemerkten, dass die Deutsche nicht richtig in ihrem Gurt saß und verzweifelt an den Bremsleinen zog. Fünf Minuten kämpfte die Frau in luftiger Höhe dagegen an, aus ihrem Gurt zu rutschen, schließlich fiel sie rund einhundert Meter in die Tiefe und schlug in der Nähe von Wörgl auf den Boden auf. Rettungskräfte bargen ihren zerschmetterten Körper, sie konnten nur noch den Tod der Urlauberin feststellen.

Laut Polizeiangaben hatte die 53-Jährige vor ihrem Unglücksflug einen Fehlstart gehabt und musste deshalb einen steilen Hang hinaufgehen. Um sich diese schweißtreibende Wanderung zu erleichtern, öffnete die Touristin ihren Gurt. Obwohl sie keine blutige Anfängerin war, vergaß die Deutsche vor dem Abflug, ihren Gurt wieder zu schließen. Die Urlauberin stand kurz vor der Ablegung der Flugprüfung, es war bereits ihr fünfter Flug mit dem Paragleiter.

 **Überlebenslektion:**

Jegliche Gurte sind liebenswerte und äußerst hilfreiche Ge-
schöpfe und verdienen deshalb unsere vollste Aufmerksamkeit,
ruhig mehrfach überprüfen!

3. GEMEINES GETIER

Von einem wilden Tier aus dem Leben gerissen zu werden gehört zu den menschlichen Urängsten. Vielleicht steckt in uns noch die Erfahrung unserer Vorfahren, die fürchten mussten, den Angriffen von Höhlenbären, Mammuts oder Säbelzahntigern zum Opfer zu fallen. Im Mai 2015 begab sich Bill Gates auf seinem Blog *gatesnotes.com* auf die Suche nach den gefährlichsten Tieren für uns Menschen. Ausgerechnet die unscheinbaren Moskitos schafften es in seinem Ranking auf den ersten Platz, schließlich übertragen die mehr als 25.000 Moskitoarten eine Vielzahl gefährlicher Krankheiten wie Malaria – 725.000 Menschen jährlich sterben durch Moskitos. Auf Platz zwei folgt mit 475.000 Toten der Homo sapiens. »Homo homini lupus« (Der Mensch ist dem Menschen ein Wolf), wusste schon der römische Komödiendichter Titus Maccius Plautus vor über zweitausend Jahren. Die Schlangen belegen den dritten Platz mit fünfzigtausend Toten. Auf den Plätzen vier und fünf folgen Hunde (Tollwut, 25.000 Tote) und die Tsetsefliegen (Schlafkrankheit, zehntausend Tote). Übrigens: Haie liegen in dem Gates'schen Ranking auf dem letzten Platz.

HÄNDEWASCHEN NICHT VERGESSEN

Ein 24-jähriger Brite erkundete im September 2017 gemeinsam mit Freunden die Inselnation Sri Lanka. Nach dem Absolvieren eines Surfkurses am Strand der Arugam Bay im Südosten des Landes drängte den jungen Mann ein kleines, nur allzu menschliches Bedürfnis. Nach erfolgreicher Verrichtung desselben wollte sich der gut erzogene Brite die Hände waschen – alles andere wäre nicht gentlemanlike gewesen. Für seine Reinlichkeit zahlte der 24-Jährige leider einen hohen Preis: Einheimische Fischer mussten mit Grauen mit ansehen, wie sich der Urlauber über das Wasser der Lagune beugte und dann von einem aus dem Wasser schießenden Leistenkrokodil (Crocodylus porosus) in die Fluten gezogen wurde. Erst am nächsten Tag wurde die Leiche des Touristen gefunden, sie steckte tief im Schlamm, nicht weit entfernt von dem Ort, an dem der Brite zum letzten Mal gesehen wurde. Leistenkrokodile ertränken und verstecken ihre Opfer typischerweise, um sie dann später in Ruhe fressen zu können. Laut Polizei deuteten die Wunden an einem der Beine klar darauf hin, dass der Mann von einem Krokodil hinfortgeschleift wurde.

Das Leistenkrokodil

Das Leistenkrokodil – auch Salzwasserkrokodil oder Saltie genannt – ist das einzige Krokodil, das sowohl im Salz- als auch im Süßwasser leben kann. Diese Reptilien sind die größten Krokodile unseres Planeten, männliche Exemplare erreichen Längen von über fünf Metern. Im Tierpark des kleinen Örtchens Bunawan auf den Philippinen lebte bis zu seinem Tod im Februar 2013 ein Leistenkrokodil, das eine Länge von 6,17 Metern erreichte.

CrocBITE

CrocBITE ist der Name einer Datenbank für Krokodilangriffe, die von der Charles Darwin University in Australien betrieben wird. Seit 1995 registrierte *CrocBITE* insgesamt 1.024 Angriffe von Leistenkrokodilen auf Menschen, 591 davon endeten tödlich. Für rund die Hälfte aller Krokodilattacken weltweit sind Leistenkrokodile verantwortlich. Auf Platz zwei steht das Nilkrokodil (Crocodylus niloticus), auf sein Konto gehen rund ein Viertel aller weltweiten Angriffe.

 Überlebenslektion:
Beugen Sie sich in Ländern mit Krokodil- und Alligatorpopulationen niemals über Wasserflächen. Auch wenn man es als Zoobesucher nicht glauben mag, diese Reptilien sind in der Lage, blitzschnell zuzupacken!

DIE WÜRFEL
SIND GEFALLEN

Eine zwanzigjährige Deutsche durchstreifte im Oktober 2015 gemeinsam mit einer Freundin die thailändische Ferieninsel Koh Samui. Das Duo war im September 2015 von Frankfurt aus nach Dubai und dann weiter nach Thailand geflogen, der ersten Station ihrer Weltreise.

Die beiden Touristinnen wohnten in einem Ferienbungalow in der Nähe des Strandes Lamai Beach. Nach dem Abendessen kamen sie auf die Idee, einen spontanen Badeausflug ins Meer zu wagen. Im Schutze der Dunkelheit glitten die beiden Frauen in die tropisch warmen Fluten – vor lauter Weltreisefeeling entgingen ihnen die überall am Strand aufgestellten Schilder, diese warnten vor hochgiftigen Würfelquallen. Im Wasser kollidierte die Zwanzigjährige schon nach wenigen Schwimmzügen mit einem der gefährlichen Glibbertiere, die Nesseln verletzten die Urlauberin an Beinen, Bauch, Rücken und Armen. Ihre Freundin wollte ihr zu Hilfe eilen, wurde dabei aber ebenfalls von den heimtückischen Geschöpfen gestochen. Die verzweifelten Schreie der Deutschen alarmierten die Mitarbeiter der Bungalow-Anlage, der herbeigerufene Notarzt brachte die Frauen ins Krankenhaus, dort verstarb die Zwanzigjährige – ihre Freundin überlebte den Unfall.

Würfelquallen

Würfelquallen (Cubozoa) bilden eine kleine Klasse der Nesseltiere (Cnidaria), rund fünfzig Arten wurden bisher beschrieben. Der Name leitet sich vom würfel- bis quaderförmigen Schild der Qualle ab. Die älteste fossile Würfelqualle stammt aus dem Pennsylvanium, das vor etwa 323,2 Millionen Jahren begann und vor rund 298,9 Millionen Jahren endete. Der Stich einer Würfelqualle ist extrem schmerzhaft, das Gift der Meeresbewohner gehört zu den stärksten im gesamten Tierreich. Theoretisch kann ein einzelnes Exemplar der Art Chironex fleckeri (auch bekannt als Seewespe) über hundert Menschen töten.

 Überlebenslektion:

Bei Dunkelheit sehen Sie besser von Badepartien im Meer ab! Zur Abschreckung sollten Sie sich die ersten Minuten von Steven Spielbergs Meisterwerk *Der weiße Hai* anschauen – und immer dran denken, dass Quallen noch viel lautloser auf Sie zukommen!

MIKE TYSONS HUND

Im Januar 2011 arbeitete ein fünfzigjähriger Ire gemeinsam mit seiner 28-jährigen polnischen Freundin ehrenamtlich auf einer Bio-Farm in Teluk Bahang im Norden Malaysias. Schnell freundete sich das Traveller-Pärchen mit den Promenadenmischungen auf der Farm an. Die Hunde waren nicht angeleint, da sie das Gelände vor Eindringlingen wie Pythons und Wildschweinen beschützen sollten. Während der Ire seine ganze Aufmerksamkeit auf das Pflanzen von Durianbäumen richtete, rasten zwei der Farmhunde – völlig unvermittelt und wie von der Tarantel gestochen – auf ihn zu. Wie im Rausch bissen sie ihm beide Ohren ab und fügten ihm am ganzen Körper Verletzungen zu, der Ire verblutete, noch bevor ein Arzt gerufen werden konnte. Der Besitzer der Farm sagte: »Ich wäre niemals auf die Idee gekommen, dass unsere Hunde, die gestern so freundlich mit dem Touristen gespielt haben, ihn zerfleischen könnten.«

Polizeichef Ayub Yaakob sagte: »Einer der Hunde hat sich außergewöhnlich aggressiv verhalten.« Das Verhalten der Tiere deutete auf eine Tollwuterkrankung hin. Nach langwierigen Untersuchungen und unter großen Protesten in den lokalen Medien wurden die beiden Vierbeiner eingeschläfert. Ob sie wirklich die Tollwut hatten, kam nie heraus.

Tollwut heute

Tollwut wird fast immer durch infizierte Tiere übertragen, meist durch einen Biss. Nach Angaben des Robert Koch-Instituts (RKI) stellen Fledermäuse ein besonderes Risiko dar. Die Ärzte warnen dringend davor, auf dem Boden liegende Fledermäuse aufzuheben. Wer dabei durch Bisse oder Kratzer verletzt werde, müsse umgehend zum Arzt gehen, so die Experten.

Im Januar 2018 starb ein sechsjähriger Junge in den USA durch den Kratzer einer infizierten Fledermaus, die sein Vater zur Pflege nach Hause gebracht hatte. Jährlich sterben fast sechzigtausend Menschen an der Tollwut. Die letzten Tollwutfälle bei Menschen in Deutschland liegen mehr als zehn Jahre zurück. 2007 erkrankte ein Deutscher, weil er in Marokko von einem Hund gebissen wurde. Die Wildtiertollwut gilt in Deutschland seit 2008 als ausgerottet, der letzte bekannte Tollwutfall mit einem Fuchs ist auf das Jahr 2006 datiert. Fledermäuse stellen aber weiterhin eine Ausnahme dar, sie tragen nämlich eine andere Form der Lyssaviren in sich. Die Ärzte des RKI empfehlen schon beim kleinsten Verdacht unbedingt eine Tollwutimpfung, im Falle einer Infektion sei dies die einzige Chance auf Rettung. Bei einer nachträglichen Impfung sollte man keine Zeit verschwenden: Je eher diese erfolgt, desto größer sind die Überlebenschancen des Patienten.

 Überlebenslektion:

Auch wenn sie noch so freundlich wirken, sollte man bei fremden Hunden stets respektvolle Vorsicht walten lassen.

ZU NAH AUF DEN PELZ GERÜCKT

Im August 2012 wanderte ein 49-jähriger US-Amerikaner durch den Denali-Nationalpark in Alaska. In der rauen Wildnis erfüllte sich für den begeisterten Tierfreund sein größter Wunsch: Er erspähte einen stattlichen Grizzlybären! Diese einmalige Begegnung musste selbstverständlich für Familie, Freunde und die Nachwelt dokumentiert werden. Ganz leise und behutsam pirschte sich der Bärenfreund immer näher an das Objekt seiner Begierde heran. Aus nächster Nähe gelangen dem Urlauber Dutzende Aufnahmen, rund acht Minuten dauerte das animalische Shooting. Danach hatte das haarige Modell die Schnauze voll: Es griff den Amateurfotografen an und tötete ihn mit ein paar Prankenhieben.

Der Grizzly schleppte die Leiche danach etwa 140 Meter weit zu seinen für schlechtere Zeiten im Gestrüpp versteckten Essensvorräten. Als Wildhüter den Bären aufspürten, verteidigte dieser seine Beute leidenschaftlich – ein Park Ranger musste das etwa 270 Kilo schwere Tier schließlich erschießen. Nach dem Unfall fanden die Schnappschüsse ein dankbares Publikum bei der Polizei. Diese wertete die Bilder sorgfältig aus und konnte so den Unfallhergang minutiös rekonstruieren. Demnach hatte der Mann den großen Fehler gemacht, sich viel zu nah an den Bären heranzuwagen, Experten empfehlen eine Distanz von rund 280 Metern.

Elf Tipps bei Bärenbegegnungen

1. Jeder Bär verhält sich anders, es gibt keine universelle Strategie im Umgang mit den Tieren.

2. Ihre Sicherheit hängt davon ab, ob Sie es schaffen, den Bären zu beruhigen.

3. Halten Sie größtmöglichen Abstand, die meisten Bären verschwinden, sobald sie Menschen hören.

4. Sprechen Sie deutlich, langsam und ruhig zu dem Tier, damit es Sie als Mensch und nicht als potenzielle Beute erkennt.

5. Versuchen Sie niemals, die Geräusche von Bären zu imitieren.

6. Machen Sie sich so groß wie möglich, beispielsweise indem Sie sich auf einen Stein stellen.

7. Seien Sie besonders bei einer Bärin mit Jungen extrem vorsichtig.

8. Schreien Sie auf keinen Fall und machen Sie niemals hektische Bewegungen.

9. Rennen Sie nicht weg, genau wie Hunde verfolgen Bären fliehende Objekte, zudem sind Bären schneller als Menschen.

10. Werfen Sie Ihren Rucksack nicht weg, im Falle eines Angriffs bietet er wertvollen Schutz.

11. Stellt sich der Bär auf die Hinterbeine, so macht er das höchstwahrscheinlich aus Neugierde und nicht aus Angriffslust.

 Überlebenslektion:

Schleichen Sie sich nicht heimlich an Bären oder andere große, gefährliche Wildtiere heran!

ÖLE DES LÖWEN

Im November 2010 reiste ein 59-jähriger simbabwischer Tourist mit drei Begleitern durch den Norden seines Heimatlands. Die Gruppe machte im Mana-Pools-Nationalpark Station und wollte dort den Freuden des Fischens frönen. Von der Jagd ermattet, erfrischte sich der 59-Jährige unter der Freiluftdusche eines Camps, als er mitten beim Schamponieren von fünf Löwen angegriffen wurde. Die anderen Campbewohner stiegen unverzüglich in ihre Autos und versuchten, die Raubtiere durch lautes Hupen, Heranfahren und grelle Scheinwerfer zu verscheuchen – erfolglos. Erst als ein Aufseher Schüsse in die Luft abgab, ergriffen die Löwen die Flucht. Für den 59-Jährigen kam jede Hilfe zu spät, er starb an einer Halsverletzung.

Johnny Rodrigues von der Zimbabwe Conservation Task Force (ZCTF) machte die Wilderei auf dem Gelände für das Verhalten der Löwen verantwortlich: »Normalerweise hört man kaum von derartigen Unfällen, aber die Tiere hier sind schlichtweg traumatisiert.« Rodrigues kritisierte außerdem die Sicherheitsvorkehrungen des Camps: »Die Anlage hier hat keinerlei Schutzzäune, das ist der Grund, warum sie bei einigen Leuten beliebt ist. Wer dort hingeht, trägt das Risiko, denn wir sind hier in einem Reservat für wilde Tiere.«

 Überlebenslektion:

Bedenken Sie beim Besuch von Wildreservaten, dass Sie sich im Lebensraum wilder, mitunter gefährlicher Tiere bewegen und dies immer mit einem kleinen Risiko behaftet ist.

PLEITEN, PECH
UND SCHLANGEN

Im April 2017 kam ein 35-jähriger indischer Tourist in Jodhpur – etwa sechshundert Kilometer südwestlich der indischen Hauptstadt Neu-Delhi – mit einem Schlangenbeschwörer ins Gespräch. Die beiden Männer wurden sich rasch handelseinig und vereinbarten, dass dem Urlauber für Videoaufnahmen eine ausgewachsene Kobra um den Hals gelegt wurde. Während des Filmens berührte der Kopf der Schlange für einen winzigen Moment das Haupt des Touristen, dieser schenkte dem scheinbar harmlosen Zwischenfall keinerlei Beachtung und posierte munter weiter. Erst als die letzte Klappe gefallen war, untersuchte der Schlangenbeschwörer sorgfältig den Kopf des 35-Jährigen und stellte dabei Spuren eines Bisses fest. Statt den Mann unverzüglich ins Krankenhaus zu transportieren, brachte ihn der Schlangenbeschwörer seelenruhig in einen nahe gelegenen Tempel. Dort ließ er ihn an langwierigen religiösen Zeremonien teilnehmen. Leider zeigten sich die Hindu-Götter an diesem Tage wenig touristenfreundlich. Der Zustand des Mannes verschlechterte sich im Tempel immer mehr, und er wurde schließlich in ein Krankenhaus gebracht – bedauerlicherweise verschied er bereits vor der Ankunft.

Schlangenbeschwörer

Schlangenbeschwörer verblüffen ihr Publikum, indem sie scheinbar Kontrolle über das wilde Tier ausüben. Durch eine Vielzahl von Tricks erwecken sie die Illusion, dass die Schlangen zu den Tönen ihres Musikinstruments tanzen. Die Schlangen werden in dunklen Körben gehalten, beim Öffnen des Deckels blendet sie das einfallende Tageslicht, und sie fixieren sich auf das erste bewegende Objekt, das sie sehen. Meist ist das die Tröte des Schlangenbeschwörers. Die Schlange bedroht nun die Tröte, sie richtet sich stets nach der Position des Musikinstruments aus, um jederzeit zubeißen zu können. Wegen ihres gespreizten Halses in dieser Position werden oft Kobras, vor allem Brillenschlangen, verwendet. Schlangen sind generell taub und können nur Bodenschall – Herzschlag und Körpergeräusche des Beschwörers und des Publikums – hören. Oft werden den Tieren von den Schlangenbeschwörern auf brutale Weise ihre immer wieder nachwachsenden Giftzähne abgebrochen.

 Überlebenslektion:

Falls Sie im Urlaub nur den geringsten Verdacht auf den Biss eines giftigen Tieres haben, gehen Sie unter allen Umständen so schnell wie möglich zu einem Arzt! Pfeifen Sie auf alle Beschwichtigungsversuche anderer Menschen!

SCHNAPP DAS RAD

Ein 32-jähriger US-Amerikaner unternahm gemeinsam mit seinem Freund im Mai 2018 einen Mountainbikeausflug in der Nähe von Seattle. Das Duo war morgens im Kaskadengebirge unterwegs, als es völlig unerwartet von einem Puma verfolgt wurde. Die Männer stiegen von ihren Rädern ab, machten Lärm und versuchten, die Raubkatze zu verscheuchen – genau wie es Puma-Experten empfehlen. Trotzdem kam der Puma immer näher heran, und die Urlauber nahmen schließlich ihre Mountainbikes in die Hand und schlugen damit auf das Tier ein, die große Katze zog sich daraufhin in den Wald zurück.

Doch als die Männer wieder auf ihre Mountainbikes gestiegen waren und die Fahrt fortsetzten, sprang das rachsüchtige Untier erneut aus dem Dickicht heraus und biss dem Freund in den Kopf. Der 32-Jährige floh daraufhin, dies weckte vielleicht den Jagdtrieb des Pumas: Er ließ von dessen Freund ab und biss sich nun im 32-Jährigen fest. Der Freund radelte unterdessen, schwer verletzt, drei Kilometer vom Ort des Geschehens weg, bis er endlich wieder Handyempfang hatte und mit letzter Kraft einen Notruf absetzen konnte. Als die Rettungskräfte eintrafen, war der Puma noch mit dem Verspeisen des 32-Jährigen beschäftigt. Nach Warnschüssen entkam das Tier, wurde aber nach mehreren Stunden in einer Baumkrone entdeckt und erschossen.

Pumas in Washington

Rund zweitausend Pumas leben im US-Bundesstaat Washington, bis in die 1960er-Jahre bezahlte der Staat Jäger, um die Raubkatzen zu schießen. Heute dürfen 250 Pumas im Jahr gejagt werden, in fünfzig gekennzeichneten Bereichen. In Nordamerika gab es im letzten Jahrhundert 25 tödliche und 95 nicht-tödliche Attacken von Pumas auf Menschen. In den letzten Jahrzehnten sind die Attacken häufiger geworden, da die Menschen immer weiter in die Rückzugsorte der Tiere vordringen. So gab es in den letzten zwanzig Jahren in den westlichen Vereinigten Staaten und in Kanada mehr Pumaangriffe als in den achtzig Jahren davor.

 Überlebenslektion:

Falls Sie im Wald eine Raubkatze antreffen, versuchen Sie, sich selbstbewusst zu verhalten, ohne das – Ihnen ohne Frage körperlich weit überlegene – Tier dabei unnötig zu provozieren oder gar zu verletzen.

TOTAL GESCHLAUCHT

Ein neunzigjähriger Simbabwer und seine 65-jährige Ehefrau besuchten im Januar 2018 gemeinsam mit Freunden den Matobo-Nationalpark in Simbabwe. Das Ehepaar löste sich im Lauf der Safari von der übrigen Gruppe, um in romantischer Zweisamkeit das Gewässer Mpopoma Dam mit einem mitgebrachten Schlauchboot zu erkunden. Der See gilt nämlich als idealer Ort, um Nilkrokodile einmal ganz in Ruhe und aus nächster Nähe zu beobachten. Tatsächlich gesellten sich schon nach kürzester Zeit einige der Riesenreptilien zu dem Boot und inspizierten es neugierig. Anschließend unterzogen die Krokodile die Gummihaut einer Qualitätskontrolle, indem sie herzhaft in selbige hineinbissen. Wie nicht anders zu erwarten, schrumpfte das Schlauchboot daraufhin merklich und entließ seine Passagiere schließlich ins feuchte Nass. Dort versuchten diese, die Krokodile auf Abstand zu halten, indem sie laut schrien und um sich schlugen. Andere Touristen alarmierten daraufhin die Park Ranger. Nach einigen Schüssen zogen sich die Urechsen endlich zurück, und das abenteuerlustige Ehepaar konnte ins Krankenhaus gebracht werden. Leider waren die Strapazen zu viel für den Neunzigjährigen, er verstarb – seine Frau überlebte den Angriff mit schweren Verletzungen.

Der Sprecher der Nationalparkverwaltung, Tinashe Farawo, sagte zu dem Vorfall: »Wir fordern alle Urlauber auf, keine Schlauchboote in Gewässern zu nutzen, wo es Krokodile gibt.«

Nilkrokodile

Das Nilkrokodil wird normalerweise drei bis vier Meter lang und lebt in Gewässern in ganz Afrika. Die Reptilien betreiben intensive Brutpflege, so bewacht die Mutter ihr Nest und beschützt ihren Nachwuchs in dessen ersten Lebensmonaten. Im frühen 20. Jahrhundert kamen die Tiere noch sehr häufig vor, in den folgenden Jahrzehnten schrumpfte der Bestand aber drastisch, weil die Krokodile wegen ihrer Haut bejagt wurden. Erst in den 1980er-Jahren ging durch Krokodilfarmen die Jagd zurück, und die Bestände konnten sich langsam erholen. Auch aufgrund der Reduzierung der Bestände sind Nilkrokodilangriffe heutzutage weitaus seltener geworden als in früheren Zeiten. Die große Mehrheit der Zwischenfälle ist auf menschliche Unachtsamkeit oder Übermut zurückzuführen.

 Überlebenslektion:

Wenn Sie unbedingt mit riesigen Reptilien schwimmen wollen, sollten Sie zu einem aufblasbaren Krokodil greifen – gibt's in jedem gut sortierten Spielzeugladen!

ALLE ROCHEN FLIEGEN HOCH

Im März 2008 sonnte sich eine 55-jährige US-Amerikanerin auf dem Deck eines Ausflugsschiffes, das sich auf hoher See vor der Küste Süd-Floridas befand. Während sie wohlig die wärmenden Strahlen der Sonne in sich aufsog und vielleicht von einem romantischen Bauchtanzkursus mit Jeff Goldblum träumte, landete schwuppdiwupp ein 35 Kilo schweres Rochenmonstrum in ihrem Gesicht – genauer gesagt handelte es sich um einen Gefleckten Adlerrochen aus der illustren Teilklasse der Plattenkiemer. Die 55-Jährige erlitt bei dem Crash tödliche Verletzungen im Gesicht und am Kopf, es gab keinerlei Hinweise, dass der Rochen die Frau stach. »Alles deutet darauf hin, dass sie durch den Zusammenprall mit dem Gefleckten Adlerrochen starb. Das ist so ungewöhnlich, so selten, so bizarr«, konstatiert Jorge Pino von Floridas Wildschutz-Behörde.

Es gab in den letzten Jahrzehnten einige dokumentierte Zusammenstöße zwischen Mensch und Adlerrochen. So sprang im Oktober 2006 ein 15 Kilo schwerer Adlerrochen in ein Boot und stach den Kapitän ins Herz – der Mann überlebte den Unfall. Insgesamt stellt der Adlerrochen aber keine große Gefahr dar, da die Tiere sehr scheu sind und Kontakt mit Menschen so gut es geht vermeiden.

Gefleckter Adlerrochen

Der Gefleckte Adlerrochen kommt in allen tropischen und fast allen subtropischen Meeren vor. Die Tiere verfügen über einen langen, peitschenartigen Schwanz und erreichen gewöhnlich Längen von 1,80 Metern – es wurden aber auch schon Exemplare mit Körperlängen von bis zu 3,30 Metern gesichtet. Außerhalb der Paarungszeit bilden sie Gruppen von bis zu zweihundert Tieren, die Schulen genannt werden. Gefleckte Adlerrochen wurden schon häufig dabei beobachtet, wie sie mit dem ganzen Körper aus dem Meer springen, sie wollen damit Verfolger abschütteln oder Parasiten loswerden.

 Überlebenslektion:

Sollten Sie von einem Rochen angesprungen werden, versuchen Sie bitte, dem Tier auszuweichen.

KILLERKÜHE
GREIFEN AN

Eine 45-jährige Deutsche wanderte im Juli 2014 im österreichischem Pinnistal (einem Seitental des Stubaitals) mit ihrem angeleinten Kerry Blue Terrier auf einer Alm. Wie aus dem Nichts kam eine Kuhherde auf die Urlauberin zugerannt, umzingelte die Frau nebst vierbeinigem Begleiter und ging wenig später zum Angriff über. Erst dank eines Hüttenwirts konnten die Killerkühe – es handelte sich um zehn ausgewachsene, siebenhundert Kilogramm schwere Kühe und deren Kälber – schließlich erfolgreich in die Flucht geschlagen werden. Für die 45-Jährige war es da freilich zu spät, sie wurde zu Tode getrampelt. Experten vermuten, dass die Kühe ihre Jungtiere vor dem Hund der Wanderin schützen wollten und deshalb so feindselig auf die Touristin reagierten.

In Reaktion auf den Unfall veröffentlichte die Landwirtschaftskammer Tirol das YouTube-Video »Eine Alm ist kein Streichelzoo«. Es stellt zehn Grundregeln im Umgang mit Kühen vor. Der Präsident der Tiroler Landwirtschaftskammer, Josef Hechenberger, betonte: »Für die Kuh stellt ein Hund eine ähnliche Gefahr dar wie ein Wolf.« Herbert Lang vom Südtiroler Rinderzuchtverband will Touristen dafür sensibilisieren, dass manche Kühe einfach aggressiver als andere seien – genau wie Menschen.

Sicherheitsrisiko Rind

Laut Michael Miller, Sicherheitsberater bei der landwirtschaftlichen Berufsgenossenschaft, ist es keine Seltenheit,
dass Rinder – nur weibliche Rinder werden als Kühe bezeichnet – Menschen angreifen. Laut Miller gab es 2014 allein in
Deutschland sechstausend Unfälle mit Rindern, acht davon
endeten tödlich. Die Mehrzahl dieser Unfälle ereignete sich
in landwirtschaftlichen Betrieben, dass Wanderer, Spazier-
gänger oder Mountainbiker angegriffen werden, ist eher die
Ausnahme.

 Überlebenslektion:

Halten Sie stets so viel Abstand wie möglich zu Rindern. Falls Sie
einen Hund dabeihaben, sollten Sie ihn unbedingt an der kurzen
Leine haben.

HAI AUF HAWAII

Im August 2013 wurde eine zwanzigjährige Deutsche nach einem einjährigen USA-Aufenthalt als Au-pair von ihrer amerikanischen Gastfamilie auf die hawaiische Insel Maui eingeladen. Die junge Frau hatte schon lange von Hawaii geträumt, nun genoss sie die tropische Vegetation, das kristallklare Wasser und das fabelhafte Wetter des Inselparadieses in vollsten Zügen. Die Deutsche war offen und kommunikativ, sie fand schnell neue Freunde in Hawaii. Gemeinsam mit ihnen ging die Zwanzigjährige im Pazifik schnorcheln, begeistert schwamm die Deutsche einem Schwarm bunter Fische hinterher und entfernte sich langsam von ihrer Gruppe. Vielleicht sah sie den gewaltigen Tigerhai aus dem Augenwinkel und versuchte noch, ans Ufer zurückzuschwimmen, das Tier war auf jeden Fall schneller und griff die Deutsche knapp fünfzig Meter vom Strand Palauea Beach entfernt an. Der Hai biss der Touristin den rechten Arm ab und verzog sich wieder, zwei Männer aus Kalifornien hörten ihre Hilfeschreie, schwammen zu der stark blutenden Touristin und zogen sie an Land – »Ich sterbe, ich weiß, dass ich sterbe«, soll die Deutsche laut Augenzeugenberichten gerufen haben. Sie wurde in ein Krankenhaus gebracht, wo sie eine Woche später verschied.

William Aila, Leiter von Hawaiis Umweltbehörde, sagte: »Als Inselstaat sind wir uns bewusst, dass wir alle Besucher in dieser natürlichen Umgebung sind und dass bedauerliche Vorfälle wie dieser passieren können.«

Haiangriffe in Hawaii

Um die Sicherheit der Touristen zu erhöhen, will der US-Bundesstaat Hawaii die Bewegungen der Tigerhaie vor seiner Küste genauer erforschen. Normalerweise zählt der US-Bundesstaat vier Haiangriffe pro Jahr, tödliche Folgen sind selten. Der letzte tödliche Angriff – vor dem hier beschriebenen – datiert auf den April 2004, damals starb ein 57-jähriger Surfer, ebenfalls vor Maui. Seit einigen Jahren boomen Taucherfahrungen mit Haien, auch in Hawaii begeistern sich immer mehr Urlauber für den außergewöhnlichen Freizeitspaß. Experten diskutieren kontrovers, ob dieser Trend das natürliche Verhalten der Tiere beeinflusst und so Angriffe begünstigt.

 Überlebenslektion:

Versuchen Sie beim Baden im Meer, so gut wie möglich auf eventuell herannahende Haie zu achten. Bei einer Attacke sollten Sie versuchen, auf die Kiemen oder Augen zu schlagen.

SO EIN ESEL

Im Rahmen einer Kreuzfahrt besuchte eine 67-jährige Deutsche gemeinsam mit ihrem Ehemann die griechische Urlaubsinsel Santorin. In der kleinen Stadt Firá entschied sich das Paar dazu, den steilen Anstieg in die Altstadt elegant und bequem auf dem Rücken von zwei Eseln zurückzulegen – ein Vergnügen, das sich unter Touristen seit Jahrzehnten größter Beliebtheit erfreut. Als die 67-Jährige in der Altstadt von ihrem Esel abstieg, rannte unvermittelt ein grauer Artgenosse auf sie los und warf die Urlauberin zu Boden. Vielleicht war das Tier unzureichend gefüttert worden oder hatte einfach einen sauschlechten Tag, es gelang dem verzweifelten Besitzer nicht, die rasende Wut seines Schützlings zu bändigen. Als das Tier endlich von der Frau abließ, war sie von unzähligen Huftritten malträtiert worden, später erlag sie ihren Verletzungen. Rund 360 Esel sollen auf Santorin als Transportmittel für Touristen im Einsatz sein. Tierschützer kritisieren, dass die Esel unzureichendes Futter bekommen und von ihren Besitzern oft mit Gewalt zur Arbeit angetrieben werden.

 Überlebenslektion:

Bevor Sie einen Ritt auf einem Esel, Pferd, Kamel oder jedem sonstigen Reittier buchen, sollten Sie sich unbedingt versichern, dass es von seinem Besitzer artgerecht gehalten und ausreichend mit Futter versorgt wird.

WO DIE WILDEN TIERE WOHNEN

Eine 62-jährige Britin erkundete im September 2017 die Gegend um die antike Stätte von Maronia in Griechenland. In der Nähe des Strandes von Petrota wurde sie plötzlich von einer Gruppe wilder Tiere angegriffen. Kurz bevor die Attacke erfolgte, gelang es der Touristin noch, einen Notruf an ihren Bruder abzusetzen. Leider befand sich die 62-Jährige in einem Gebiet mit schlechter Netzabdeckung, und die Verbindung brach ab, bevor die Frau die geheimnisvollen Tiere näher beschreiben konnte. Von Großbritannien aus alarmierte der Bruder völlig schockiert die griechische Polizei, diese konnte später einen Hut, einen Schuh, einen Reisepass sowie menschliche Körperteile bergen. »Die Knochen, die wir gefunden haben, stammen von der Engländerin«, sagte der Gerichtsmediziner Nikolaos Kifnidis. »Es waren sicher Wölfe. Das haben wir nach einer mehrstündigen Untersuchung zusammen mit einem Veterinärexperten festgestellt«, so der Experte.

Der WWF Griechenland streitet diese Erklärung ab und vermutet verwilderte Hunde als Täter. Markus Bathen, Leiter des Wolfsbüros des NABU, sagte zu dem Fall: »An Küstenregionen ist durch Touristen und Fischer viel zu viel los, als dass die scheuen Wölfe sich dort wohlfühlen könnten. Bissspuren von Wölfen lassen sich kaum von denen von verwilderten Hunden unterscheiden.«

Elf Fakten zu Wolfsangriffen

1. Zwischen 1950 und 2000 wurden in Europa neun Menschen von Wölfen getötet.
2. Bei fünf dieser Fälle waren die Wölfe an Tollwut erkrankt.
3. Der letzte Angriff mit Todesfolge ereignete sich 2000 in Litauen.
4. Seit dem Jahr 2000 ist Deutschland wieder Wolfsland.
5. Laut NABU lebten im April 2017 rund 61 Wolfsrudel in der Bundesrepublik.
6. Die meisten Wölfe leben in den Bundesländern Brandenburg, Sachsen und Niedersachsen.
7. Etwa acht Wölfe gehören zu einem Rudel.
8. Gesunde Wölfe, die nicht angefüttert oder provoziert werden, stellen keine Gefahr für den Menschen dar.
9. Wer zufällig einem Wolf begegnet, sollte ruhig bleiben und dem Tier die Möglichkeit zum Rückzug geben.
10. Ängstliche Zeitgenossen können den Wolf durch lautes Rufen oder Klatschen vertreiben.
11. Wolfssichtungen sollten unbedingt der zuständigen Behörde im Landratsamt gemeldet werden.

 Überlebenslektion:

Wenn Sie Notrufe absetzen, sollten Sie im ersten Satz Ihre Position nennen, im zweiten Satz beschreiben Sie den Notfall so präzise und knapp wie möglich.

MIT ZEBRASTREIFEN WÄR DAS NICHT PASSIERT

Im Januar 2018 machte eine deutsch-österreichische Familie Urlaub im südwestafrikanischen Land Namibia. Das Trio war rund fünfhundert Kilometer nördlich von der namibischen Hauptstadt Windhoek in einem offenen Jeep unterwegs zu einer Foto-Safari – exotische Tiere in freier Wildbahn, eine äußerst beeindruckende Erfahrung! Begeistert bestaunten die Touristen die weitläufige namibische Landschaft, als urplötzlich zwei, wahrscheinlich vom Lärm des Fahrzeugs aufgeschreckte, Zebras voller Panik den Weg des Jeeps kreuzten. Was unter anderen Umständen ein echtes Safari-Highlight gewesen wäre, entwickelte sich nun zum Albtraum: Aufgrund des plötzlichen Auftauchens der Tiere war es für den Fahrer unmöglich, eine Kollision zu vermeiden. Er verlor die Kontrolle, das Auto kam von der Fahrbahn ab und überschlug sich.

Der 65-jährige Vater und sein 25-jähriger Sohn saßen auf den hinteren Bänken des Jeeps und starben kurz nach dem Unfall, die Mutter und der Fahrer überlebten den Crash mit schweren Verletzungen. »Der Fahrer hatte keine Chance auszuweichen«, sagte der Reiseveranstalter gegenüber der *BILD*-Zeitung.

 Überlebenslektion:

Zebrastreifen bedeuten nicht zwangsläufig, dass Sie sicher passieren können!

EHESTREIT MIT TIGER

Im Juli 2016 besuchte ein chinesisches Ehepaar nebst Kind und Schwiegermama den Safaripark *Badaling Wildlife World* in Yanqing nahe Peking. Im Park können Touristen in ihrem eigenen Auto oder in Safaribussen frei herumlaufende Wildtiere aus nächster Nähe erleben. Statt sich einfach an den exotischen Geschöpfen zu erfreuen, steigerte sich das Paar während der Safari immer mehr in einen handfesten Streit, an dessen Ende die Ehefrau melodramatisch aus dem Fahrzeug ausstieg und dann zur Fahrerseite hinüberlief. Ihr Gatte öffnete sofort, und die beiden setzten ihre Unterredung fort.

Es wäre wohl noch lange so weitergegangen, hätte nicht zufällig ein Tiger in dem Busch neben dem Auto gesessen. Kurz entschlossen fiel er die Chinesin von hinten an und zog sie mit sich davon. Wenige Sekunden später sprang erneut die Fahrertür auf, und ihr reumütiger Ehemann setzte der Raubkatze hinterher – wenig später folgte auch noch die 57-jährige Schwiegermama. Für Letztere endete die Rettungsaktion tödlich, ein weiterer Tiger im Busch fiel sie an und fraß sie auf. Die Ehefrau und ihr Mann überlebten mit schweren Verletzungen. Ein Sprecher des Safariparks wies darauf hin, dass Schilder überall im Park vor dem Aussteigen warnen. Zudem müssten alle Touristen vor dem Betreten des Safariparks schriftlich versichern, ihre Fenster und Türen unter allen Umständen geschlossen zu halten.

 Überlebenslektion:

Öffnen Sie beim Besuch von Safariparks niemals die Auto- oder Bustüren!

KATZE AM MORGEN, KUMMER UND SORGEN

Eine 32-jährige Schweizerin hielt sich im November 2015 im Siyafunda Bush Camp in Hoedspruit (Südafrika) auf. Die Touristin war als ehrenamtliche Helferin ins Camp gekommen, Freiwillige haben dort die Möglichkeit, an Forschungsprojekten teilzunehmen und Tiere zu beobachten. Da es an einem Abend besonders heiß war, übernachtete die Frau nicht bei den anderen Campbewohnern, sondern im ersten Stock eines – nur teilweise überdachten – Holzhauses. In der Nacht wurde die Schweizerin von einem Leoparden angegriffen und getötet, gegen fünf Uhr morgens fand man ihre Leiche. In der elfjährigen Geschichte des Camps sei dies der erste schwere Unfall gewesen, betonten die Betreiber. Sie sagten, dass die freiwilligen Helfer vor ihrem Einsatz geschult würden und verinnerlichen müssten, dass das Camp nicht umzäunt ist.

Laut Robert Zingg vom Zoo Zürich ist es sehr ungewöhnlich, dass ein Leopard in freier Wildbahn einen Menschen angreift. Zingg: »Der tragische Vorfall in Südafrika ist eine Ausnahme und muss einen besonderen Hintergrund haben.« Möglicherweise war das Tier krank, oder es war ein Muttertier, das seine Jungen verteidigte. Leoparden suchen ihre Beute zu allen Tageszeiten, entgegen früherer Meinungen haben sie keine Präferenz für nächtliche Jagden. Die häufigste Jagdmethode von Leoparden ist die Anschleichjagd, dabei versuchen die Raubkatzen, so nah wie möglich unbemerkt an ihre Beute heranzukommen. Da die vergleichsweise zart gebauten Leoparden nach erfolgreicher Jagd stets fürchten müssen, dass ihnen stärkere Tiere wie Löwen oder Tüpfelhyänen ihre Beute wieder abnehmen, zerren sie diese meist ins schützende Dickicht oder auf einen Baum.

Leopard von Rudraprayag

Normalerweise gehen Leoparden uns aus dem Weg, nur in Einzelfällen töten und fressen sie Menschen. Oft handelt es sich dabei um altersschwache oder kranke Tiere, deren Jagdvermögen eingeschränkt ist. Als mehrmalige Menschenfresser gingen nur wenige Leoparden in die Geschichte ein, einer von ihnen ist der berühmte Leopard von Rudraprayag in Indien. Über 125 Menschen sollen ihm von 1916 bis 1926 zum Opfer gefallen sein. Der britischer Jäger Jim Corbett erlegte den mutmaßlichen Killer am 2. Mai 1926.

 Überlebenslektion:

Falls Sie in Ihren eigenen vier Wänden eine Raubkatze sehen, sollten Sie sich kneifen, Ihren Alkoholkonsum überdenken oder die Flucht ergreifen.

4. KATASTROPHALE KOST

Laut einer Umfrage aus dem Jahre 2014 nehmen 47 Prozent der Deutschen im Urlaub ein bis zwei Kilo zu, acht Prozent kommen sogar auf zwei bis drei Kilo. 41 Prozent der Deutschen gaben an, im Ausland die jeweilige Landesküche zu bevorzugen, nur sieben Prozent bestehen auf Speisen, die von zu Hause bekannt sind. Essen ist allerdings nicht nur Genuss, sondern auch Vertrauenssache. Wird in Restaurants, Supermärkten oder Imbissständen nicht auf Frische, Hygiene oder Verunreinigungen geachtet, kann dies lebensgefährliche Folgen haben. Eine weitere, weit weniger prominente, Gefahrenquelle ist zu schnelles und zu hektisches Essen. Anno 2015 erstickten allein in den USA 5.051 Menschen an ihrem Essen – im selben Jahr kamen 374 Personen bei Abstürzen ziviler Verkehrsflugzeuge ums Leben. Langsames Essen schützt nicht nur vor Erstickungsanfällen, sondern es steigert auch den Genuss ganz ungemein und fördert sogar die schlanke Linie – das Sättigungsgefühl stellt sich nämlich erst mit einiger Zeitverzögerung ein.

LEBEWOHL
MIT METHANOL

Eine dreißigjährige Deutsche besuchte im August 2011 die indonesische Urlaubsinsel Lombok. Nachdem ihr 39-jähriger Freund ihr auf dem 3.726 Meter hohen Vulkan Rinjani einen romantischen Heiratsantrag gemacht hatte, beschloss das junge Glück, die Verlobung in der Bar Happy Café standesgemäß zu begießen. Die Touristin genoss in der Bar einige Cocktails, ihr Verlobter verzichtete bewusst auf Alkohol. Am nächsten Morgen klagte die Dreißigjährige auf einer Bootsfahrt über Übelkeit. Sie ging sofort zum Arzt, dieser diagnostizierte eine völlig harmlose Seekrankheit und verschrieb Tabletten. Später litt die Frau unter Sehstörungen, starken Kopfschmerzen und Schwindelgefühlen. Völlig hilflos und starr vor Schreck musste der Verlobte wenig später mit ansehen, wie seine Ehefrau in spe blau anlief und ihr Schaum vor dem Mund stand. Sie wurde noch in ein Krankenhaus gebracht und dort für hirntot erklärt. Die Deutsche starb an den Folgen einer Methanolvergiftung, ihre Cocktails enthielten schwarzgebrannten Alkohol. »Sie waren extra vorsichtig, weil sie wussten, dass in Indonesien Alkohol oft mit Methanol gestreckt wird. Deswegen hatten sie sich vorher über die Bar ausgiebig informiert«, sagte der Stiefvater der Toten.

Methanol

Methanol ist ein giftiges Beiprodukt, das bei der Herstellung von Ethanol (der erwünschten Form von Alkohol) entsteht. Genau wie Ethanol entsteht Methanol bei der Vergärung. Beim Schnapsbrennen verdampft Methanol wegen seiner niedrigeren Siedetemperatur zuerst, deshalb sind die ersten Anteile des Destillats (der sogenannte Vorlauf) mit Methanol verunreinigt, Gleiches gilt für den Nachlauf. Bei der Herstellung von alkoholischen Getränken werden Vorlauf und Nachlauf weggeschüttet, getrunken wird nur der Mittellauf, er besteht aus Ethanol und Aromastoffen. Nur mit den exakt richtigen Temperaturen können die schädlichen Stoffe sauber vom gewünschten Ethanol getrennt werden. Arbeitet ein Schwarzbrenner nicht sorgfältig genug, kann das Ausgangsprodukt mit mehr oder minder großen Mengen Methanol verunreinigt sein. In Indonesien – dem bevölkerungsreichsten muslimischen Land der Erde – sind alkoholische Getränke verhältnismäßig teuer, deshalb erfreut sich hier die Schwarzbrennerei großer Beliebtheit.

 Überlebenslektion:

Beim Urlaub in Ländern, die für gepanschten Alkohol berüchtigt sind, vielleicht lieber auf alkoholfreie Drinks umsteigen?

ANGRIFF DER KÖRPERFRESSER

Eine 55-jährige US-Amerikanerin besuchte im September 2017 gemeinsam mit ihrer Ehefrau den südöstlichen Bundesstaat Louisiana. In der Stadt Westwego genoss das Paar die Atmosphäre auf einem quirligen Fischermarkt und erstand dort einen Sack frischer Austern. Später gab sich die 55-Jährige in geselliger Runde ganz dem Genuss der exklusiven Delikatesse hin – 36 Stunden später klagte die Frau über Atemnot und bekam Quaddeln am ganzen Körper. Nach weiteren zwölf Stunden hatte sich die Situation verschlimmert, und sie wurde in ein Krankenhaus gebracht. Schnell war den Ärzten klar: Die Beschwerden kamen von fleischfressenden Bakterien, Vibrionen, welche die Touristin unwissentlich mit den Austern zu sich genommen hatte. Nach 21 Tagen intensiver Behandlung im Krankenhaus starb die 55-Jährige. Ihre Witwe will nun die Öffentlichkeit für die Gefahren des Verzehrs von rohen Austern sensibilisieren, gegenüber dem TV-Sender *KLFY* sagte sie: »Wenn ich das Risiko gekannt hätte, hätte ich keine Austern gegessen.« Etwa hundert Menschen sterben jährlich in den USA an Vibrionen.

Risiko Austern

Beim Verzehr von Austern sollte man darauf achten, dass diese beim Öffnen noch leben. Dies ist an der fest geschlossenen Schale zu erkennen, zudem zieht sich bei lebenden Austern der Rand bei der Berührung mit einem Messer oder dem Beträufeln mit Zitronensaft zurück. Da Austern Umweltgifte akkumulieren, ist es gesetzlich vorgeschrieben, dass die Gewässer rund um Austernzuchten gewissenhaft und regelmäßig kontrolliert werden. Das Sammeln wilder Austern außerhalb kontrollierter Gewässer ist nicht zu empfehlen. Der niederländische Tierschützer Niels Dorland rät – auch aus ethischen Gründen –, den Verzehr von Austern zu überdenken: »Die Austern leben beim Verzehr noch und werden erst durch die Magensäure getötet. Weil nicht klar ist, was die Tiere empfinden, wenn sie lebend verspeist werden, sollte man darauf verzichten.«

 Überlebenslektion:

Falls Sie sich dem Genuss roher Austern hingeben, sollten Sie sich des – vergleichsweise geringen – Risikos bewusst sein.

SESAM (EINBAHN)STRAßE

Im März 2014 flog eine dreißigjährige Südafrikanerin nach Israel. Die Frau schlenderte begeistert durch die altehrwürdigen Gassen Jerusalems und kehrte schließlich in einem gemütlichen Restaurant ein. Neugierig bestellte die Urlauberin ein traditionelles Fischgericht, das mit der Sesampaste Tahini serviert wurde. Die Südafrikanerin hatte noch nie von Tahini gehört, das Gericht schmeckte ihr aber ausgezeichnet. Wenige Minuten nachdem sie den ersten Bissen gekostet hatte, zeigte die Frau eine starke allergische Reaktion und verlor das Bewusstsein. Sofort wurde sie in ein Krankenhaus gebracht, dort erklärte man sie für tot. Die Dreißigjährige wusste ganz genau über ihre Sesamallergie Bescheid, hatte jedoch keine Ahnung, dass Tahini aus Sesam hergestellt wird. »Es besteht kein Zweifel, dass ein solcher Fall 2014 nicht hätte vorkommen dürfen. Menschen, die allergisch gegen Sesam oder andere Lebensmittel sind, müssen jederzeit einen Adrenalin-Autoinjektor bei sich haben. Ein Autoinjektor ist einfach zu bedienen und kann sogar durch Kleidung hindurch benutzt werden«, sagte Dr. Nancy Agmon-Levin, Vorsitzende der Israelischen Vereinigung für Allergie und klinische Immunologie.

Tahini

Tahini wird auch Tahina oder Tahin bezeichnet und ist eine bittere Paste aus fein gemahlenen Sesamkörnern. Es stammt aus der arabischen Küche und dient als Grundzutat des Kichererbsenbreis Hummus. Alternativ wird es als Beilage oder Dip serviert, hierzu wird es mit Knoblauch oder Zitronensaft vermischt. Tahini ist sehr vitaminreich und enthält viel Calcium und Eisen, es erfreut sich bei Vegetariern und Veganern großer Beliebtheit und wird in Deutschland in vielen türkischen oder arabischen Lebensmittelläden verkauft. Auch in der chinesischen und japanischen Küche wird Tahini verwendet.

 Überlebenslektion:

Wenn Sie eine lebensgefährliche Allergie haben, sollten Sie sich – egal ob zu Hause oder in fremden Ländern – niemals allein auf die Allergenkennzeichnungen in Restaurants verlassen. Tragen Sie stets einen Adrenalin-Autoinjektor bei sich.

E.-COLI-DAMPF

Im August 2017 machte eine 37-jährige Britin gemeinsam mit ihrem Mann und zwei Söhnen Urlaub auf der griechischen Sonneninsel Korfu. Beim abendlichen Büfett entschied sich die Touristin sehr gesundheitsbewusst für Gemüse und Garnelen – sie kombinierte das Ganze mit einer kleinen Portion Hühnerfleisch. Es wirkte wie roh, aber die Frau dachte nicht lange darüber nach und ging davon aus, dass auf der großen Hotelanlage lebensmitteltechnisch schon alles seine Richtigkeit hätte. »Als sie das Huhn schnitt, quoll rotes Blut hervor«, erinnerte sich der Ehemann. Später am Abend klagte die Frau über Bauchschmerzen, ein herbeigerufener Arzt diagnostizierte eine starke Magen-Darm-Erkrankung und empfahl strenge Bettruhe. Nachdem es der 37-Jährigen in den nächsten Stunden trotzdem immer schlechter ging, wurde sie in ein Krankenhaus auf der anderen Seite der Insel transportiert. Dort verschlechterte sich ihre Situation weiter, sie hatte Schmerzen in den Beinen, und ihr Körper bekam rote Flecken, 36 Stunden später verstarb die Britin. Bei der Obduktion der Leiche kam heraus, dass sich die Frau mit gefährlichen Escherichia-coli-Bakterien infiziert hatte – diese waren mit hoher Wahrscheinlichkeit durch das Hühnerfleisch in ihren Organismus gelangt. Zu den Risiken des Verzehrs von rohem Hühnerfleisch sagte Dr. Rick Holley, Mikrobiologe an der University of Manitoba: »Es wäre wahrscheinlich sicherer, eine Autobahn zur Rushhour zu überqueren. Ich würde davon ausgehen, dass jegliches rohes Hähnchenfleisch mit Organismen verseucht ist, die einen umbringen könnten.«

Escherichia coli

Escherichia coli ist ein natürlich vorkommender Keim im Darm von warmblütigen Säugetieren und Vögeln. Er richtet in der Regel keinen Schaden an, sondern hält schädliche Erreger in Schach und sorgt so für eine gesunde Darmflora. Ausnahmen sind bestimmte Stämme von Escherichia coli, beispielsweise EHEC. Diese können bei Menschen schwer verlaufende Durchfallerkrankungen verursachen. Nicht nur Fleisch kann die gefährlichen Stämme enthalten, auch Obst und Gemüse können durch fäkal verunreinigtes Wasser kontaminiert werden. Fleisch von Wiederkäuern sollte deshalb vor dem Verzehr gut erhitzt werden – EHEC-Bakterien lassen sich durch Kochen, Braten oder auch Pasteurisieren abtöten. Rohes Obst oder Gemüse sollte vor dem Verzehr gründlich gewaschen oder geschält werden.

 Überlebenslektion:
Verzichten Sie auf rohes Hühnerfleisch. Es gibt an Urlaubsbüfetts so viele andere schöne Sachen!

WASSER IST KRASSER

Immer wieder wird uns in den Medien von Experten eingebläut, wie wichtig es ist, täglich mindestens 1,5 Liter Wasser zu trinken. Dass man es mit dem Konsum von H_2O aber auch übertreiben kann, bewies im September 2008 eine 47-jährige Britin. Gemeinsam mit ihrem Mann wanderte die Touristin durch die bizarre Landschaft des Grand Canyon. Nach einem fünfstündigen Hike unter brennender Sonne verlor die Frau scheinbar aus heiterem Himmel ihr Bewusstsein und wurde in ein Krankenhaus eingeliefert. »Sie erbrach eine große Menge klarer Flüssigkeit und reagierte dann nicht mehr«, sagte ein behandelnder Arzt. Im Krankenhaus stabilisierte sich der Zustand der Urlauberin zunächst, man verabreichte ihr eine Salzwasserlösung und führte Sauerstoff zu. Trotzdem wachte sie am Ende nicht mehr auf und wurde 19 Stunden nach ihrem Kollaps für hirntot erklärt. Später kam heraus: Die 47-Jährige starb an einer schweren Gehirnschwellung durch Hyperhydratation (auch als Überwässerung bezeichnet). Diese führte zu Druck im Schädel, Bewegung des Hirngewebes und schließlich zum Hirntod. Laut den Aussagen ihres Mannes hatte seine Ehefrau während der Wanderung extrem viel Wasser getrunken und kaum etwas gegessen.

Wasservergiftungen mit Todesfolge

Die meisten Fälle von Hyponatriämie (im Volksmund auch Wasservergiftung genannt) treten im Zusammenhang mit Ausdauersport auf. Wer viel schwitzt und deshalb viel natriumarmes Wasser trinkt, bei dem fällt der Natriumgehalt im Blut ab. Infolgedessen quellen die Zellen im Körper regelrecht auf – Übelkeit und Kopfschmerzen sind die Folge, im schlimmsten Fall droht der Tod. Die meisten Mineralwasser haben zwischen fünfzig und einhundert Milligramm Natrium pro Liter, um Hyponatriämie zu vermeiden, bedarf es aber vierhundert bis achthundert Milligramm Natrium pro Liter, deshalb nehmen manche Triathleten auch Salztabletten. Kritisch kann es für normale Menschen werden, wenn sie drei Liter Wasser in einer Stunde zu sich nehmen. In den USA sterben immer wieder Personen im Zuge von Trinkwettbewerben.

 Überlebenslektion:

Viel hilft nicht immer viel!

GIN TOXIC

Eine 23-jährige britische Backpackerin und ihr 21-jähriger Freund bereisten im Mai 2013 die indonesische Insel Sumatra. Bevor es abends zu einer Party im Dschungel ging, besuchten das Pärchen und ein Freund noch einen kleinen Touristenshop. Das Trio erstand dort eine Flasche Gin. Es wurde – auch dank des Gins – eine lange und lustige Nacht, am nächsten Morgen folgte allerdings mehr als nur ein gewöhnlicher Kater. Alle drei klagten über starke Gesundheitsbeschwerden, die 23-Jährige war sogar erblindet und wurde in ein Krankenhaus in Medan gebracht. Dort versetzte man sie in ein künstliches Koma, verzweifelt kämpften die Ärzte um das Leben der jungen Frau – vergeblich. Am Ende entschied sich die Familie der Urlauberin schweren Herzens dazu, die lebenserhaltenden Maschinen abschalten zu lassen. Der Bruder der Toten sagte: »Im Laden wurde der Gin aus der Originalflasche gegossen und dann durch Methanol ersetzt. Es war in der Originalflasche mit dem Gin-Etikett drauf.« Bereits dreißig Milliliter Methanol können tödlich für einen Erwachsenen sein.

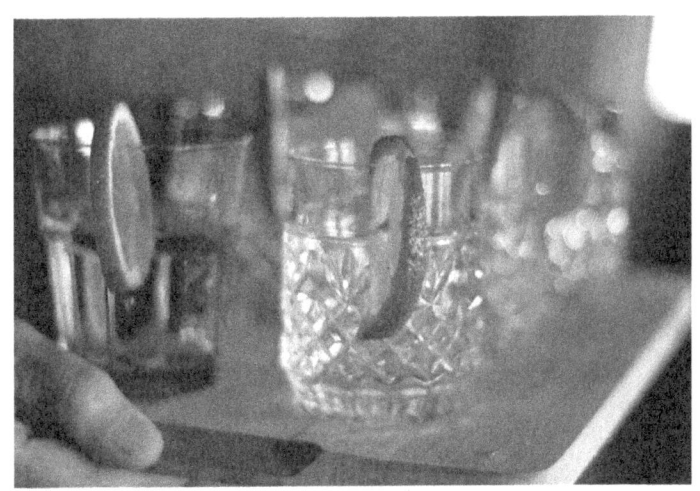

 Überlebenslektion:

Achten Sie beim Kauf alkoholischer Getränke darauf, dass die Flaschen noch originalversiegelt sind.

LOW ENERGY

Ein 29-jähriger Brite entschied sich im Januar 2016 spontan für einen Last-Minute-Trip nach Thailand. Bereits im Flieger erfrischte sich der Mann mit einigen Dosen Bier und setzte seine Party über den Wolken später mit dem Genuss von Whisky Cola fort. Die glückliche Ankunft in Südostasien wurde mit weiteren sechs Flaschen Bier gefeiert, danach stürzte sich der Brite gemeinsam mit Freunden ins berühmt-berüchtigte Bangkoker Nachtleben. In angesagten Klubs und Bars trank der Mann mehr als zwanzig Flaschen Bier sowie vier große Plastikeimer mit einem Energydrink-Wodka-Mischgetränk (unter Touristen als Thai Bucket bekannt). Gegen ein Uhr morgens ging der Urlauber ins Bett, seine Freunde konnten ihn am nächsten Tag nicht mehr aufwecken. In einhundert Millilitern seines Urins fanden die Ärzte 452 Milligramm Alkohol, der Tod tritt normalerweise bei Werten um 350 Milligramm ein. Die Toxikologin Julie Evans vermutet, dass der Mann schlichtweg den Überblick über seinen Alkoholkonsum verlor und die Energydrinks zusätzlich eine fatale Rolle spielten: »Wenn Sie Red Bull mit Wodka mischen, riskieren Sie, die Wirkung von Alkohol auf den Körper zu maskieren.«

Alkohol und Energydrinks

Befragungen in den USA und Italien ergaben, dass fünfzig Prozent der Menschen, die gern Energydrinks konsumieren, diese gelegentlich mit Alkohol mixen. Gerade die Mischung mit hochprozentigem Alkohol wie Wodka ist nach wie vor sehr populär. Da Energydrinks neben reichlich Zucker teils hohe Dosen von Koffein enthalten, ist die Kombination mit Alkohol nicht ungefährlich. Einerseits drohen gesundheitliche Gefahren wie Herzrhythmusstörungen, Bluthochdruck und Austrocknung des Körpers. Andererseits überdecken die Mixgetränke die Wirkung des Alkohols und vermitteln so das trügerische Gefühl, fit und nüchtern zu sein. Wissenschaftliche Tests ergaben jedoch, dass die Konsumenten von Energydrink-Mixgetränken bei motorischen Tests und Sehtests genauso schlecht abschnitten wie die Trinker von normalem Alkohol.

 Überlebenslektion:

Halten Sie sich stets vor Augen, dass Energydrinks und Alkohol eine äußerst ungünstige Kombination sind.

WEG — NICHT NUR DER FLECK

Eine sechzigjährige Britin entspannte sich im September 2010 gemeinsam mit ihrem Lebenspartner im Fünf-Sterne-Ressort Salamis Bay Conti in Famagusta (Nordzypern). Nach einem morgendlichen Strandbesuch kehrte die Frau auf ihr Zimmer zurück, um sich zu duschen. Sie war sehr durstig und trank hastig von einer Wasserflasche, die auf einem Tischchen im Raum stand. Kurz darauf brach die Touristin zusammen und schrie: »Es ist Gift.« Die Frau wurde umgehend ins Krankenhaus gefahren, dort erkannte man – aufgrund mangelnder Englischkenntnisse – nicht den Ernst der Lage. Schließlich überstellte man die Sechzigjährige zu einem Spezialisten, sie verstarb aber noch im Krankenwagen. Das Hotel untersuchte den Vorfall und fand heraus, dass ein Zimmermädchen versehentlich einen hochgiftigen Fleckenentferner im Raum vergessen hatte. Das Zimmermädchen hatte den Fleckenentferner in eine normale Trinkwasserflasche umgefüllt, da sie für ihre Arbeit nur kleinere Mengen davon benötigte. Der Freund der Toten sagte: »Jeder, der die Flasche gesehen hätte, würde annehmen, dass sie Trinkwasser enthält.«

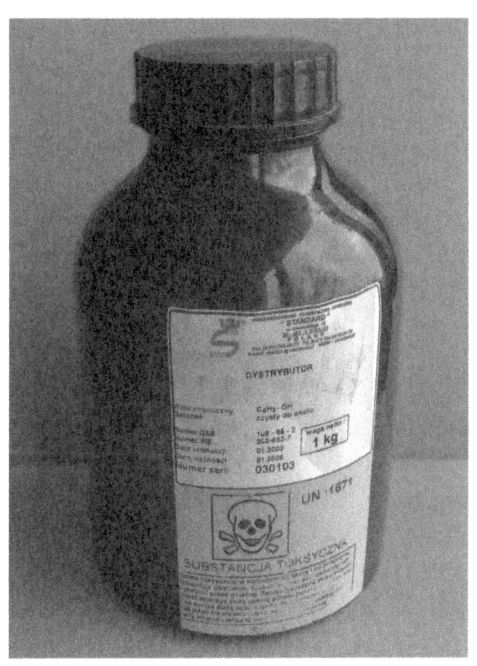

 Überlebenslektion:

Wenn Sie beim Trinken einen seltsamen Geschmack wahrnehmen, spucken Sie die Flüssigkeit sofort aus, spülen Sie sich gründlich den Mund aus und gehen Sie zum Arzt!

EWIGSCHLAFMOHN

Ein 26-jähriger dänischer Backpacker genoss im Februar 2014 gemeinsam mit einem Deutschen die Schönheiten des australischen Bundesstaates Tasmanien. In bester Urlaubslaune kam der Däne morgens auf die grandiose Idee, in eine Schlafmohn-Plantage in der Nähe der Stadt Oatlands einzudringen und dort vierzig Mohnkapseln zu stehlen. Der Freund bekundete kein Interesse an einem Drogenabenteuer, und so zog sich der Skandinavier allein in den gemeinsamen Wohnwagen zurück. Dort stellte er einen Tee aus den Kapseln her und trank diesen. Er erbrach sich daraufhin mehrfach, ihm war hundeelend zumute, und er ging schließlich ermattet ins Bett. Sein Freund war währenddessen in Sachen Sightseeing unterwegs, kehrte aber gegen Mittag in den Wohnwagen zurück und sprach mit dem Dänen über seine Beschwerden. Da der 26-Jährige während der gemeinsamen Reise schon mehrmals Drogen konsumiert hatte und sich danach immer sehr unwohl fühlte, hielt es der Deutsche am Ende für das Beste, seinen Freund einfach ausschlafen zu lassen. Am nächsten Morgen ließ sich der 26-Jährige aber nicht mehr ansprechen, sein Begleiter fuhr ihn zu einem Arzt, dieser konnte aber nichts mehr für den Urlauber tun.

»Dieser traurige Vorfall erinnert daran, dass die in Mohnkapseln enthaltenen Betäubungsmittel extrem gefährlich sind und die Einnahme von Mohnprodukten tödlich sein kann«, sagte Nick Preshaw von der tasmanischen Polizei. »Mohn-Tee zu trinken ist potenziell tödlich. Es ist unmöglich, die Dosierung zu messen, da die Stärke von Pflanze zu Pflanze variiert«, so der Gerichtsmediziner Mark Layton. Weltweit ist Tasmanien der größte Produzent von Opium für medizinische Zwecke. Rund fünfhundert Farmen im Bundesstaat produzieren etwa die Hälfte des globalen Rohmaterials für Morphine und andere Opiate.

 Überlebenslektion:
Bleiben Sie lieber bei den guten alten Mohnbrötchen!

ANDERE DIMENSION, ONE-WAY-TICKET

Ein 19-jähriger Brite besuchte im April 2014 das südamerikanische Land Kolumbien.

Schon seit Langem interessierte sich der Mann brennend für Naturheilkunde und hatte Dutzende Bücher zum Thema verschlungen. So war es kein Wunder, dass er während seiner Reise ein Regenwaldgebiet nahe der Stadt Mocoa aufsuchte und dort an einer Ayahuasca-Zeremonie teilnahm. Dieser halluzinogene Trank wird in der Drogenszene der westlichen Welt seit einigen Jahren intensiv diskutiert, er spielt eine wichtige religiöse Rolle in den Kulturen vieler Ethnien in Südamerika. Konsumenten geben an, dass ihnen die berauschende Flüssigkeit angeblich einen Einblick in andere Dimensionen gewährt haben soll. Ein Mitreisender des Briten berichtete, dass der 19-Jährige nach dem Genuss des Getränks Schweinegeräusche von sich gab und versuchte, wie ein Vogel zu fliegen – »Irgendwie ist das doch stärker als das, was ich sonst so rauche oder mir einwerfe.« Nach diesen animalischen Höhenflügen ging es dem Briten leider immer schlechter und schlechter. Schließlich wurde er auf ein klappriges Motorrad verladen und über schlammige Dschungelpisten zum nächsten Krankenhaus transportiert – der Mann verstarb allerdings bereits während der wilden Fahrt.

Ayahuasca

Ayahuasca ist auch unter den Namen Yagé, Yajé, Natem, Cipó, Daime oder Hoasca bekannt. Es handelt sich um einen Pflanzensud aus der Liane Banisteriopsis caapi und den Blättern des Kaffeestrauchgewächses Psychotria viridis. Ayahuasca ist – abhängig von der Zubereitung – ein faulig-bitteres oder süßlich schmeckendes Getränk. Indigene Völker glauben, dass sie dank Ayahuasca Geister und Ahnen treffen können, in die Zukunft blicken oder Heilungswege für Krankheiten finden. Normalerweise stellen sich nach dem Genuss psychedelische Zustände ein, der Bewegungsapparat bleibt in der Regel kontrolliert. Ayahuasca führt unter anderem zu Visionen, einer subjektiven Erweiterung des Bewusstseins und einem verschärften Gehör. Neben Erbrechen, Angstzuständen, Durchfall oder Schweißausbrüchen kann Ayahuasca noch zu einer Reihe weiterer unangenehmer Nebenwirkungen führen.

Überlebenslektion:
Hände weg von Ayahuasca!

BITTE NUR AUF DIE HAUT AUFTRAGEN!

Eine zwanzigjährige Kanadierin und ihre 25-jährige Schwester gönnten sich im Juni 2012 einen Urlaub in Thailand. Die beiden wohnten in einem Hotel auf der Insel Ko Phi Phi, 48 Stunden nachdem die Hotelangestellten die Frauen nicht mehr auf der Anlage gesehen hatten, alarmierten sie die Polizei. Die Beamten brachen die Zimmertür auf und fanden die Schwestern tot in ihren Betten vor. Eine Menge Blut und Erbrochenes im Raum deuteten auf eine Vergiftung hin. Bei der Obduktion wurden in den Körpern der Kanadierinnen kurioserweise Spuren des Insektenabwehrmittels DEET gefunden. Hatten die Touristinnen etwa nachts ihren Durst mit ein paar Spritzern Moskitospray gelöscht? Nein, es kam vermutlich beim Barbesuch in ihre Körper. Denn obwohl DEET potenziell neurotoxisch ist, findet es in Thailand als Zutat in einem euphorisierenden und äußerst beliebten Cocktail Verwendung. Das gefährliche Getränk enthält Hustensaft, Cola, DEET und gemahlene Blätter des Kratombaumes (Mitragyna speciosa) – Hauptalkaloide der Blätter sind die psychoaktiven Substanzen Mitragynin und 7-Hydroxymitragynin. Die Polizei geht davon aus, dass die jungen Frauen starben, weil der Barkeeper eine zu hohe Dosis DEET in ihre Cocktails gemischt hatte.

DEET

DEET ist die Abkürzung für Diethyltoluamid. Dieses chemische Insektenabwehrmittel wurde 1946 von der US-Armee für militärische Zwecke entwickelt – es kam beispielsweise im Vietnamkrieg zum Einsatz. Seit 1965 wird DEET kommerziell vermarktet und erfreut sich seither großer Beliebtheit, jährlich vertrauen über einhundert Millionen Anwender auf Produkte mit dem Wirkstoff DEET. Der Stoff kann zur Reizung von Augen und Schleimhäuten führen, die Haut reagiert normalerweise nicht auf DEET. In seltenen Fällen kann es zu Hautreizungen und epileptischen Anfällen kommen. Laut einiger Studien kann der Wirkstoff die Häufigkeit von Schlaflosigkeit und Wahrnehmungsstörungen erhöhen und zu Gemütsschwankungen führen.

 Überlebenslektion:

Setzen Sie im Urlaub lieber auf Diät statt auf DEET!

SPAGHETTI ALLA MORTE

Jeder, der schon einmal eine Portion Spaghetti al Pomodoro verdrückt hat, weiß aus eigener Erfahrung, dass diese Mahlzeit größte Konzentration erfordert – sofern man sich nicht über und über mit roter Soße bekleckern möchte. Auch ein 28-jähriger Deutscher, der im Dezember 2012 in Neuseeland Urlaub machte, dürfte bereits in Kindertagen Erfahrungen mit den Tücken der Spaghetti gesammelt haben. Trotzdem packte den 28-Jährigen, als er sich auf dem Weg von Nelson nach Blenheim befand, plötzlich ein unbändiger Hunger auf die langen Nudeln. Der Deutsche gab schließlich dem Ruf der italienischen Spezialität nach – während des Genusses lenkte er allerdings parallel seinen Kombi weiter.

Das manierliche Essen nahm die Aufmerksamkeit des Touristen dermaßen gefangen, dass er aufgrund einer Unebenheit im Asphalt die Kontrolle über sein Fahrzeug verlor und dieses frontal mit einem entgegenkommenden Pick-up kollidierte – der 28-Jährige und ein 34-jähriger Franzose waren sofort tot. Ein Untersuchungsrichter konstatierte trocken: »Er hat sich einfach nicht auf das Fahren konzentriert.«

Überlebenslektion:

Augen auf die Straße, nicht auf die Pasta!

SWISS GEBISS

Im März 2016 erholte sich ein 58-jähriger Schweizer im beliebten thailändischen Urlaubsort Pattaya. Gemeinsam mit seiner 32-jährigen thailändischen Freundin besuchte der Eidgenosse ein Restaurant in Jomtien, einem Stadtteil von Pattaya. Eigentlich wollte der Mann Rösti mit Zürcher Geschnetzeltem bestellen, doch zu seiner Verwunderung kochte man dort nur Thailändisch. Mit großem Bedauern orderte er schließlich widerwillig eine landestypische Suppe mit extralangen Nudeln. Vielleicht hätte der Mann lieber in seinem Heimatkanton bleiben sollen, denn während des Suppengenusses streckte es den Touristen urplötzlich nieder. Sofort untersuchte seine Freundin den Rachen des Mannes mit der Taschenlampe ihres Handys und fand heraus, dass dieser sich an den langen Nudeln verschluckt hatte. Verzweifelt versuchte die Thailänderin, diese wieder aus dem Rachen des 58-Jährigen zu ziehen. Am Ende waren ihre Bemühungen leider vergeblich, denn die heimtückischen Teigwaren hatten sich unlösbar fest um das Gebiss des Mannes gewickelt – der Urlauber erstickte noch im Restaurant. Ein herbeigerufener Arzt vermutete, dass auch eine Asthmaerkrankung des 58-Jährigen dazu beitrug, dass er zu wenig Luft bekam und schließlich erstickte.

Risiko Verschlucken

Als sich anno 2002 der damalige US-Präsident George W. Bush an einer Salzbrezel verschluckte und ohnmächtig vom Sofa fiel, spotteten die Medien tagelang über den Vorfall. Nach Angaben des Statistischen Bundesamts starben 2013 allein in Deutschland 453 Menschen – mehr als die Passagierkapazität eines voll besetzten Jumbos vom Typ Boeing 747-8 – an der »Obstruktion der Atemwege oder dem Verschlucken von Nahrungsmitteln«. Bei Kleinkindern unter fünf Jahren sind Atemwege und Schluckmechanismus noch nicht vollständig entwickelt – es kann bei ihnen leichter zu Erstickungsanfällen kommen. Deshalb sollten die Lebensmittel immer in mundgerechte Stücke geschnitten und Gemüse immer gekocht werden. Kleinkinder sollten beim Essen aufrecht sitzen und niemals unbeaufsichtigt gelassen werden.

 Überlebenslektion:

Nehmen Sie sich ausreichend Zeit zum Essen!

5. NIEDERTRÄCHTIGE NATUR

Wir leben in Deutschland in Bezug auf Naturkatastrophen in einem absolut privilegierten Land, so erzählen es immer wieder Experten in TV-Dokumentationen oder Zeitungsinterviews. Was es wirklich bedeutet, in einem Land mit hohem Tsunami-, Erdbeben- oder Vulkaneruptionsrisiko zu leben, wird manchem Touristen so unfreiwillig wie bedrückend vor Augen geführt. Dank günstiger Flugtickets kann man sich ganz schnell in Katastrophenszenarien wiederfinden, die man sonst nur vom wohligen Fernsehsofa aus kennt. Vor dem Abflug kann es also lebensrettend sein, sich über das Gefahrenpotenzial der Destination und sichere Orte im Falle eines Falles zu informieren. Zusätzlich kann der Urlauber in unangenehme Situationen kommen, wenn er sich allzu sorglos durch abgelegene Naturorte bewegt. Nicht nur in Bezug auf Menschen und Tiere ist es stets ratsam, erst mal Abstand zu halten – auch die Naturgewalten fordern Respekt. Da man im Urlaub ist, dürfte eventueller Zeitdruck eigentlich kein Thema sein.

MANCHE MÖGEN'S HEIß

Im März 2010 urlaubte ein schwedischer Tourist auf der indonesischen Insel Bali. In einem Reiseführer wurde dem 25-jährigen Mann eine Wanderung zum Rand des 1.717 Meter hohen aktiven Vulkans Gunung Batur empfohlen. Voller Begeisterung zog der Skandinavier mit zwei Freunden im Morgengrauen los. Als das Trio nach anstrengendem Aufstieg endlich am Gipfel ankam, waren alle von dem fantastischen Ausblick überwältigt. Der 25-Jährige wollte diesen Moment noch ein wenig mehr ausreizen und ging ganz nah an den Kraterrand heran, um einen optimalen Blick in die gähnende Tiefe zu erhaschen. Der Teufel wollte es, dass der Schwede ausgerechnet jetzt ausrutschen musste und 150 Meter tief in den Krater fiel – seine Begleiter mussten alles starr vor Schreck mit ansehen. Rettungskräfte konnten den Leichnam des Urlaubers später unter großem Aufwand und mithilfe von Seilen bergen, nach Informationen eines Arztes starb der Urlauber sofort nach dem Aufprall. Der Wanderweg, auf dem das Trio unterwegs war, gilt als sicher.

Der Gunung Batur liegt sechzig Kilometer nordöstlich der Provinzhauptstadt Denpasar. Seit 1840 brach der Vulkan insgesamt 26 Mal aus. Beim letzten Ausbruch zwischen März 1999 und Juni 2000 kam es zu kleineren Explosionen im Gipfelbereich sowie Ascheeruptionen. Die Caldera – also die kessel- oder beckenförmige Einbruchstruktur über einer Magmakammer –

ist von etwa sechzehntausend Menschen bewohnt. Neben der traditionellen Landwirtschaft bildet seit einigen Jahren der Tourismus die wichtigste Einnahmequelle für die Region.

 **Überlebenslektion:**
Gehen Sie nicht zu nah an tiefe Abgründe heran!

HOTEL MAL AIR

Ein 34-jähriger Spanier und ein Freund erfüllten sich im März 2018 einen lang gehegten Traum und statteten der britischen Metropole London einen Besuch ab. Das musicalbegeisterte Duo hatte keine Kosten gescheut und logierte in der Vier-Sterne-Herberge The Mayflower Hotel im Stadtteil Kensington. Um 13.48 Uhr erreichte die Londoner Feuerwehr ein Notruf aus ebenjenem Edel-Hotel, die Mitarbeiter hatten den dringenden Verdacht auf ein Gasleck. Wenige Minuten später rückten Rettungskräfte mit Atemschutzmasken an, ihre Messgeräte zeigten einen hohen Wert an tödlichem Kohlenmonoxid. 29 Personen wurden umgehend evakuiert, die Feuerwehr trennte die Gaszufuhr und sorgte für eine ausreichende Durchlüftung des Gebäudes. Für den 34-Jährigen war es da leider schon zu spät, er konnte nur noch tot aus seinem Hotelzimmer geborgen werden, der Tourist starb an einer Kohlenmonoxidvergiftung. Sein Reisebegleiter hielt sich im selben Raum auf und lebte noch, als die Rettungskräfte eintrafen. Man brachte ihn ins Chelsea and Westminster Hospital und versetzte ihn in künstliches Koma – bis heute (Stand Dezember 2018) ist er nicht aufgewacht.

Sieben Kohlenmonoxid-Fakten

1. Symptome einer Vergiftung sind unter anderem Herzrasen, Benommenheit, Halluzinationen, Apathie, Übelkeit, Kopfschmerzen, Krampfanfälle und Atemnot.
2. Da sich das Blut kirschrot färbt, haben die Vergifteten eine gesunde Gesichtsfarbe.
3. Herzpatienten, ältere Menschen und Ungeborene im Mutterleib reagieren besonders empfindlich auf das Gas.
4. Kohlenmonoxid-Melder gibt es ab zwanzig Euro im Baumarkt zu kaufen, sie schlagen ab einer erhöhten Konzentration Alarm.
5. Viele Vergiftungen ereignen sich, weil Menschen bei einem plötzlichen Regenfall ihren Grill mit in die Wohnung oder den Campingwagen nehmen.
6. Beim Shisha-Rauchen wird Wasserpfeifenkohle verbrannt, so kommt es in geschlossenen Bars immer häufiger zu Kohlenmonoxidvergiftungen.
7. Rund fünftausend Menschen jährlich erleiden in Deutschland eine Kohlenmonoxidvergiftung, bei jedem zehnten endet sie tödlich.

 Überlebenslektion:

Beim kleinsten Verdacht des Auftretens von Kohlenmonoxid verlassen Sie sofort den betroffenen Raum! Öffnen Sie unverzüglich die Fenster und alarmieren Sie Feuerwehr und Rettungsdienst!

SCHNEEBALLSYSTEM

Im März 2018 genossen eine sportbegeisterte fünfzigjährige US-Amerikanerin und ihr siebenjähriger Sohn einen Skiurlaub in Nordkalifornien. Nachdem die beiden einen Tag auf der Piste ohne Knochenbrüche, Lawinen und Kollisionen hinter sich gebracht hatten, freuten sich die erschöpften Touristen auf die Behaglichkeit ihres Ferienhauses in Kirkwood. Sie waren in Gedanken schon bei warmem Kakao, Zimtplätzchen und knisterndem Kamin, als sich beim Aufschließen der Haustür eine Dachlawine löste und die Urlauber unter einer fast einen Meter dicken Schneedecke begrub. »Es ist ein außergewöhnlich tragischer Unfall«, sagte Hilfssheriff Spencer Pace, weder er noch der Sheriff könnten sich an einen vergleichbaren Zwischenfall in den letzten drei Jahrzehnten erinnern. Rettungskräfte hatten die Vermissten zunächst im angrenzenden Kirkwood Mountain Resort – östlich von Sacramento – gesucht. Erst nachdem ein aufmerksamer Nachbar zwei Paar einsame Handschuhe vor dem Feriendomizil fand, konnte man nach langem Graben die Leichen von Mutter und Kind bergen.

Dachlawinen

Wenn sich bei Tauwetter die oberen Schneeschichten auf Hausdächern lösen, nehmen sie bei ihrem Hinabrollen oder -rutschen oft weiteren Schnee auf. Auf diesem Wege können Dachlawinen von derartiger Größe und Gewicht entstehen, dass sie auch Menschen gefährlich werden können. Löst sich die ganz Schneedecke gleichzeitig vom Dach, so spricht man von einem Schneebrett. Auch von Dachrinnen abbrechende Eiszapfen können Menschen schwer verletzen. So wurde im Januar 2011 eine 82-jährige Frau in Hannover von kiloschweren Eisbrocken am Kopf getroffen, sie starb zwei Stunden später im Krankenhaus. Schneefangsysteme wie Schneefanggitter, Schneefanghaken oder Schneefangbalken, die auf dem Dach montiert werden, eignen sich zur Vermeidung von Dachlawinen.

 Überlebenslektion:
Schauen Sie hin und wieder nach oben!

FIESLAND

Im Januar 2017 machte eine vierköpfige Familie aus Deutschland Urlaub in Island. Als die Touristen gegen dreizehn Uhr am
berühmten Strand von Reynisfjara im Süden der Insel spazieren
gingen, wurden sie aus heiterem Himmel von einer Riesenwelle
erfasst und in den eiskalten Atlantik hinausgezogen. Wie durch
ein Wunder konnten der Familienvater und seine beiden Kinder im Teenageralter gegen die starke Strömung anschwimmen
und retteten sich mit letzter Kraft an Land, von der 47-jährigen
Mutter fehlte unterdessen jede Spur. Rettungskräfte starteten
eine fieberhafte Suche nach der Frau, am Nachmittag fand man
sie schließlich leblos an der Küste – im Krankenhaus wurde sie
für tot erklärt. Nach Angaben der Polizei herrschte zum Zeitpunkt des Unglücks extremer Wellengang mit einer starken
Unterströmung, die Menschen am Strand die Beine wegzieht.
Wegen seines schwarzen, vulkanisches Sandes ist der Strand
von Reynisfjara eine der beliebtesten Touristenattraktionen Is-
lands. Dieser Küstenabschnitt ist auch für seine spektakuläre
Atlantikbrandung berühmt, Schilder warnen die Touristen auf
Isländisch, Englisch, Deutsch, Französisch und Polnisch vor der
Gefahr: »Lebensgefahr! Nicht zu dicht ans Meer gehen, extreme
Strömungen und unberechenbare Wellen.«

 **Überlebenslektion:**

Achten Sie auf alle Warnschilder!

JACUZZI
DES TODES

Im Juni 2016 zog es einen 23-jährigen US-Amerikaner gemeinsam mit seiner Schwester in die unberührte Natur des Yel-
lowstone-Nationalparks in Wyoming. Die Geschwister hatten
vorher im Internet von einer außergewöhnlichen Mutprobe ge-
lesen: einem Bad in den zahlreichen heißen Quellen des Natio-
nalparks – unter Fans als Hot Potting bekannt. Ohne auf ihre
innere Stimme zu hören, drangen die Touristen illegalerweise in
den besonders gefährlichen Bereich des Norris-Geysir-Beckens
ein. In einem letzten Anflug von Vernunft wollte der 23-Jährige
vor dem Einstieg in die Quelle noch einmal die Wassertempe-
ratur überprüfen, schließlich wollte er sich ja nicht verbrühen!
Wie es der Teufel wollte, rutschte der Mann exakt in diesem Augenblick unglücklich aus und platschte in das kochend heiße Be-
cken, seine Qualen dauerten nicht lange.

Die von der Schwester sofort herbeigerufenen Rettungskräfte konnten den Leichnam wegen eines starken Gewitters nicht
mehr am selben Tag bergen. Als sie am nächsten Morgen zum
Unfallort kamen, mussten sie mit Erschrecken feststellen, dass
sich der Leichnam des Urlaubers in der heißen Quelle völlig auf-
gelöst hatte.

Geysire und heiße Quellen

Im Yellowstone-Nationalpark befinden sich zahlreiche Geysire und Quellen mit kochend heißem Wasser. Historikern zufolge kamen dort seit 1870 insgesamt 22 Menschen ums Leben. Laut des Vulkanologen Robin Andrews beträgt die Temperatur in den Quellen des Parks um die 93 Grad, hineinzufallen würde »so wehtun wie nichts, was man sich überhaupt vorstellen kann«. Glücklicherweise, so der Experte, wären die Schmerzen nach etwa einer Minute vorüber, danach kann das Nervensystem den höllischen Schmerz nämlich nicht mehr wahrnehmen!

 Überlebenslektion:
Baden Sie nicht auf eigene Faust in heißen Quellen!

PALME ZERMALME

Ein 41-jähriger Deutscher gönnte sich im Juni 2012 einen wohl-
verdienten Urlaub auf der spanischen Sonneninsel Fuerteven-
tura. Zusammen mit einem 35-jährigen Freund lag der Mann
tiefenentspannt am Pool des Robinson Club Jandia Playa im
Süden der Kanareninsel. Er ließ die Seele so richtig baumeln
und träumte von einem kilometerlangen All-you-can-eat-Büfett.
Auf einmal fegte eine gewaltige Sturmböe über die Ferienanlage
hinweg und knickte den zehn Meter hohen Stamm einer Palme
wie ein Streichholz um – bedauerlicherweise dösten die beiden
Deutschen exakt im Schatten jener Palme!

Der 41-Jährige wurde erschlagen und starb damit einen
ebenso schnellen wie ausgefallenen Tod, sein Begleiter überlebte mit schweren Verletzungen an Oberkörper und Beinen.
Die Leitung des Hotels kündigte sofort nach dem Unglück eine
sorgfältige Überprüfung aller Palmen auf der Anlage an. Auch
der Bürgermeister der Provinz Pájara, Rafael Perdomo Betan-
cor, reagierte prompt und ordnete an, in Zusammenarbeit mit
Agrartechnikern alle rund fünftausend Palmen in den dortigen
Touristenanlagen untersuchen zu lassen. Zunächst verdächtigte
man ein parasitäres Insekt als Schuldigen des tragischen Unfalls,
diese Vermutung bestätigte sich jedoch nicht. Auch die stärkste
Palme hält nicht jeden Sturm aus!

Das Rätsel um die Opfer der Kokosnuss

Ausgewachsene Kokospalmen können Höhen von 24 bis 35 Metern erreichen, die an ihnen hängenden Nüssen wiegen zwischen ein und vier Kilo. Ohne Frage können Kokosnüsse, die auf menschliche Köpfe prallen, dort schwerwiegende, mitunter tödliche Verletzungen verursachen. Seit einigen Jahren geistert die Zahl von 150 jährlichen Kokosnusstoten durch die Medien. Die falsche Zahl tauchte erstmals Anfang des Jahrtausends in der Pressemitteilung eines britischen Reiseversicherers auf. Fakt ist, dass die Opfer von herabfallenden Kokosnüssen nirgendwo erfasst werden – ähnlich wie die Toten durch umstürzende Palmen. 1984 veröffentlichte lediglich der Arzt Peter Barss einen Artikel mit dem Titel »Injuries due to falling coconuts« in der Fachzeitschrift *Journal of Trauma*. Barss praktizierte in einem Krankenhaus in Papua-Neuguinea und berichtete in dem Text von einigen Fällen von schweren Verletzungen im Zusammenhang mit Kokosnüssen. Außerdem berechnete er die Wucht, mit der eine fallende Nuss auf den Schädel kracht – und die ist wirklich nicht zu verachten.

 Überlebenslektion:

Versuchen Sie unbedingt, herabstürzenden Palmen oder Kokosnüssen auszuweichen!

FLEISCHSPIEß
À LA VIRGINIA

Eine 55-jährige US-Amerikanerin machte im Juni 2016 Urlaub am Virginia Beach (Bundesstaat Virginia). Die Frau relaxte am sonnigen Strand und dachte an nichts Böses, als sie am Nachmittag von einem Geräusch aufgeschreckt wurde. Sie richtete sich auf – und wurde von einem herumfliegenden Sonnenschirm aufgespießt! Laut Polizeiangaben hatte sich der Schirm durch eine Windböe aus der Halterung gelöst und war über den Strand gefegt.

Der Oberkörper der Urlauberin wurde von der Spitze durchbohrt, so die Beamten. »Ich habe den Schirm gesehen, wie er in die Luft flog und die Frau traf. Sie fiel sofort um«, sagte ein Augenzeuge dem Lokalsender *WTKR*. Die anderen Strandbesucher wählten den Notruf, die 55-Jährige wurde in ein Krankenhaus gebracht, dort verschied sie an ihren schweren Verletzungen.

Um ähnliche Unfälle zu vermeiden, empfiehlt die Küstenwache, Sonnenschirme mindestens vierzig bis sechzig Zentimeter tief in den Sand einzugraben. Außerdem sollten die Schirme unter keinen Umständen unbeaufsichtigt am Strand zurückgelassen werden.

Risiko Sonnenschirm

Gefährliche Unfälle mit Sonnenschirmen sind keinesfalls eine Seltenheit. So wurde im Juli 2018 eine 46-Jährige in Ocean City (US-Bundesstaat Maryland) von einem umherfliegenden Sonnenschirm in die Brust getroffen. Die Rettungskräfte trauten sich nicht, den Schaft herauszuziehen. Um die Frau transportieren zu können, schnitten sie deshalb den oberen Teil des Schirmes ab. Die Touristin konnte im Krankenhaus versorgt werden und überlebte. Ebenfalls im Juli 2018 wurde eine 67-jährige Britin Opfer eines Schirmes: An einem Strand in New Jersey durchbohrte die Metallstange des Sonnenschutzes den Knöchel der Urlauberin. Gegenstände, die sich in den Körper gebohrt haben, sollten auf keinen Fall panisch entfernt werden, raten Experten. Sinnvoller sei es, diese an Ort und Stelle zu belassen und auf professionelle Hilfe zu warten, so können Blutungen und Infektionen verhindert werden.

 Überlebenslektion:
Weichen Sie umherfliegenden Sonnenschirmen aus!

STEIN, GEMEIN

Ein 52-jähriger Spanier besuchte im Oktober 2017 gemeinsam mit seiner Frau die wunderschöne italienische Stadt Florenz. Nach einer ausgedehnten Sightseeingtour wollte das Ehepaar eine kleine Auszeit vom Touristenrummel nehmen und suchte hierzu die Kirche Santa Croce auf. Ausgerechnet an diesem friedlichen, Geborgenheit ausstrahlenden Ort schlug das Schicksal ungnädigst zu: Während die Spanier die Stille des Gotteshauses in sich aufnahmen, löste sich ein Säulenteil von der Decke und stürzte ausgerechnet auf das Haupt des 52-Jährigen. Der Stein war mit 15 mal 15 Zentimetern nicht nur relativ groß, er fiel zu allem Unglück auch aus etwa zwanzig Metern Höhe auf den bedauernswerten Mann herab. Die herbeigerufenen Sanitäter konnten nichts mehr für ihn tun.

Das ab 1294 erbaute und 1385 fertiggestellte Gotteshaus im Zentrum von Florenz zählt zu den größten Franziskanerkirchen der Welt, im Inneren befinden sich die Grabstätten von weltberühmten Persönlichkeiten wie Michelangelo, Galileo Galilei oder Niccolò Machiavelli. Santa Croce wird seit Jahren renoviert. Irena Sanesi, die für die Instandhaltung der Kirche verantwortlich ist, sagte: »Wir sind wirklich fassungslos über das, was passiert ist.«

Einstürzende italienische Bauten

Am 17. März 1989 stürzte morgens um 8.55 Uhr der Stadtturm der Stadt Pavia zusammen. Das 72 Meter hohe Gebäude aus dem 11. Jahrhundert erschlug vier Menschen, 15 weitere Besucher wurden verletzt. In wenigen Sekunden waren aus dem markanten Bauwerk achttausend Kubikmeter Ziegel-, Sand- und Granittrümmer geworden. Der Stadtturm wurde nicht wieder aufgebaut. Im Oktober 2012 fiel ein Sims von der Mauer des Palastes von Caserta (nördlich von Neapel) – glücklicherweise wurde keiner der zahlreichen Touristen getroffen. Im Juli 2016 löste sich während einer Hochzeit Gips von der Decke der Kathedrale von Acireale (Sizilien), ein Kleinkind und eine Dreißigjährige wurden schwer verletzt.

 Überlebenslektion:
Betreten Sie alte, renovierungsbedürftige Kirchen nur mit Schutzhelm!

WHISKYSHAKER

Im Juli 2017 erschütterte ein schweres Seebeben die griechische Inselgruppe Dodekanes und den Südwesten der Türkei. Das Beben ereignete sich um 1.31 Uhr in der Nacht und hatte laut der US-Erdbebenwarte USGS eine Stärke von 6,7 auf der Richterskala. Auf der Ferieninsel Kos wurden mehr als 120 Menschen durch die Erschütterungen verletzt. Unter ihnen war auch ein schreckhafter Tourist, der durch die plötzlichen Erdstöße aus seiner seligen Nachtruhe gerissen wurde. Noch halb in Morpheus' Armen, rannte der Mann blindlings auf den Balkon seines Hotelzimmers und sprang schließlich beherzt in die Tiefe hinab. Glücklicherweise hatte ihm ein gnädiges Schicksal ein Zimmer im ersten Stock zugewiesen, so überlebte er die wenig durchdachte Aktion.

Weniger Glück hatten ein schwedischer und ein türkischer Tourist, die sich zum Zeitpunkt des Erdbebens mit einem Glas Whisky in einer belebten Bar zuprosteten. Nicht nur ihr Getränk, sondern auch sie selbst wurden kräftig geschüttelt, am allerwenigsten aber vertrug die Bausubstanz der Kneipe die Erdstöße – unversehens stürzte eine der Barwände in sich zusammen und erschlug das schwedisch-türkische Trinkerduo. Mit Sperrstunde wäre das nicht passiert!

Neun Erdbeben-Tipps

1. Laufen Sie in Ihrem Hotel oder der Ferienwohnung die Fluchtwege ab und lernen Sie mögliche Zufluchtsorte kennen.
2. Vereinbaren Sie mit Ihren Mitreisenden einen markanten Ort als Treffpunkt.
3. Suchen Sie Zuflucht unter einem geeigneten Ort wie einem stabilen Bett oder Tisch, halten Sie sich so lange daran fest, wie das Erdbeben dauert.
4. Alternativ suchen Sie unter einem stabilen Türrahmen Schutz.
5. Bleiben Sie abseits von Außenwänden, Fenstern, Spiegeln, Bildern, schweren Schränken, Bücherregalen und Kronleuchtern.
6. Schützen Sie Kopf und Gesicht durch Verschränken der Arme.
7. Wer sich während des Bebens draußen aufhält, sollte sich zügig zu einem freien Platz bewegen – weg von Bäumen, Gebäuden oder Straßenlaternen.
8. Meiden Sie unbedingt Steilhänge!
9. Wenn die Erde in flachen Küstenregionen bebt, sollte man zu einem erhöhten Punkt laufen, es können Tsunamis drohen.

 Überlebenslektion:

Weichen Sie bei einem Erdbeben nach Möglichkeit einstürzenden Gebäudeteilen aus.

PENSION ZUR EWIGEN RUH

Im Dezember 2017 erkundete ein rüstiges Ehepaar aus der Schweiz das Naturparadies Costa Rica. Die Touristen hatten vor, drei Wochen mit dem Auto kreuz und quer durch das mittelamerikanische Land zu reisen. In Limón an der Playa Chiquita, im Osten von Costa Rica, machte das Ehepaar Station in einem kleinen Hotel. Während die Schweizer sich vor Wind und Regen geschützt von einem anstrengenden Autoreisetag voller exotischer Eindrücke erholten, tobte vor ihrem Fenster ein tropischer Sturm. Eigentlich wäre dies ein ziemlich romantisches Szenario, wäre da nicht ein – nah an ihrem Bungalow stehender und ziemlich gewaltiger – Baum gewesen.

Gegen zwei Uhr morgens kapitulierte der Waldriese nämlich vor dem Unwetter und stürzte auf den Bungalow mit den schlafenden Eidgenossen – die rasch herbeigerufenen Notfallretter konnten nur noch den Tod der Urlauber feststellen. Jackeline Diaz, die Eigentümerin des Hotels, berichtete in einer Lokalzeitung von starken Winden in der Unglücksnacht: »Irgendwann fiel die Elektrizität aus, und ich hörte das Krachen eines fallenden Baumes.«

 Überlebenslektion:

Betten Sie sich nur an Orten zur Ruhe, die nicht in der Fallzone von Bäumen liegen. Im Zweifelsfall genauestens nachmessen!

TOTES IM MEER

Das Tote Meer in Israel weist bekanntermaßen einen extrem hohen Salzgehalt auf und ist weltberühmt für seine heilenden Kräfte. Wie jedes Kind weiß, kann man aufgrund des starken Auftriebs in dem Gewässer eigentlich nicht untergehen. Dem Wasser des biblischen Sees wird von vielen Fachleuten eine heilende Wirkung nachgesagt, trotzdem kann das Tote Meer auch einen stark gesundheitsschädigenden Effekt haben. Schluckt man nämlich zu viel von dem salzigen Wasser, kann es schnell gefährlich werden, bereits kleinere Mengen davon in der Lunge führen zum Tod. Diese Informationen kommen leider zu spät für einen 67-jährigen russischen Touristen, der im Mai 2017 in Israel urlaubte. Eines Morgens fanden andere Urlauber den badebegeisterten Mann leblos im Toten Meer treibend vor. »Ein Bademeister versuchte, ihn wiederzubeleben. Nach längeren Versuchen, sein Leben zu retten, mussten wir ihn für tot erklären«, sagte die Sanitäterin Schani Gamliel. Laut eines Berichts des Roten Davidsterns verlieren Menschen beim Baden im See oft die Balance und schlucken dann unfreiwillig große Mengen des gefährlichen Salzwassers. Auch die Salzverkrustungen am Ufer des Toten Meeres sind tückisch, ihre scharfen Kanten werden von den Urlaubern oft zu spät bemerkt und können zu klaffenden Wunden führen.

 Überlebenslektion:

Im Toten Meer gilt es, zu schwimmen und nicht aus ihm zu trinken – schmeckt auch nicht gut!

HOCHMUT KOMMT VOR DEM FALL

Die Steilküste von Los Gigantes liegt im Westen der spanischen Ferieninsel Teneriffa, die dramatischen Klippen sind bis zu 450 Meter hoch und fallen senkrecht ins Meer ab. Unterhalb der Felswände liegt ein schwarzer Badestrand, der sich vor allem bei britischen Touristen großer Beliebtheit erfreut.

Im November 2011 löste sich dort eine Klippe und begrub eine 57-jährige Britin und eine 34-jährige Spanierin – sie erlagen ihren schweren Verletzungen. Nach Angaben der Zeitung *La Opinión de Tenerife* stürzten die Felsbrocken aus einer Höhe von etwa fünfzig Metern auf den Strand und waren stattliche fünf Meter dick. Völlig überraschend kam das schwere Unglück nicht: Bereits einen Monat zuvor waren am selben Strandabschnitt schon einmal große Felsbrocken hinuntergestürzt. Der Bereich wurde daraufhin gut sichtbar mit einem Plastikband abgesperrt und mit Warnschildern versehen. Ein Rettungsschwimmer berichtete, dass er die beiden Opfer kurz vor dem Unglück ausdrücklich auf die Gefahren aufmerksam machte und sie dringend aufforderte, den abgesperrten Bereich umgehend zu verlassen. Die Urlauberinnen aber zeigten dem Mann den Vogel und pochten auf ihr Recht, sich überall am Strand niederlassen zu dürfen.

 Überlebenslektion:

Wenn ein Rettungsschwimmer Ihnen etwas sagt, lohnt es sich meist, genau zuzuhören!

KNACKTUS

Eine 92-jährige Französin genoss im Mai 2018 die mondäne Atmosphäre im Fürstentum Monaco. Als die rüstige Seniorin auf einer Allee nahe des Sun Casinos promenierte, nahm sie aus dem Augenwinkel ein riesiges grünes Etwas war, das sich den Hang hinunterbewegte – direkt auf sie zu! Noch bevor die betagte Seniorin zur Seite springen konnten, wurde sie von einem herabstürzenden Riesen-Kaktus getroffen – die 92-Jährige starb später im Krankenhaus an ihren schweren Beinverletzungen. Der Unfall-Kaktus hört auf den wissenschaftlichen Namen Euphorbia candelabrum, diese Art kann Höhen von bis zu drei Metern erreichen. Die afrikanische Pflanze riss bei ihrem Hangsturz auch zahlreiche Steine sowie einen Baum mit sich in die Tiefe – neben der Französin wurden bei dem Unfall vier weitere Personen verletzt.

Das skurrile Unglück ereignete sich im Jardin Exotique de Monaco, der für seine exotischen Pflanzen und riesenhaften Kakteen über die Grenzen Monacos hinaus berühmt ist. Für die Pflege des Geländes ist eine private Gesellschaft verantwortlich, diese betreibt auch die größten Hotels und Spielcasinos in Monaco.

Fünf unglaubliche Kakteenfakten

1. In früheren Zeiten fanden die Nadeln großer Kakteen als Grammofonnadeln Verwendung.

2. Echinocactus grandis, besser bekannt als Schwiegermutterstuhl, wurde bereits im 14. Jahrhundert von den Azteken als ritueller Opfertisch für den Gott Mixcoatl benutzt.

3. Die Dornen reflektieren das Sonnenlicht und schützen so vor Sonnenbrand – Nebelschwaden kondensieren an ihnen zu Wasser, das die Pflanze dann aufnehmen kann.

4. Vor allem die Säulenkakteen bilden große, holzige Elemente aus, durch die Faserstruktur ist das Kakteenholz sehr flexibel und trotzdem stabil, in Südamerika werden sogar Möbel daraus gefertigt!

5. Bereits in prähistorischer Zeit berauschten sich die Ureinwohner Nordamerikas am Peyote-Kaktus (Lophophora williamsii), Wissenschaftler isolierten aus dem Kaktus das Halluzinogen Meskalin.

 Überlebenslektion:

Vermeiden Sie jedweden Kontakt mit meterhohen Riesenkakteen!

CAMP RAMP

Eine 56-jährige Schweizerin fuhr im September 2018 mit ihrem Wohnwagen zu einem Campingplatz bei Claddaghduff, in der Nähe der Stadt Galway, im Westen Irlands. Einen Tag nachdem die Urlauberin auf dem Campingplatz direkt am Atlantik angekommen war, fegte Sturm Ali mit Windgeschwindigkeiten von bis zu 140 Stundenkilometern über die Grüne Insel hinweg. Als Ali am frühen Morgen Claddaghduff erreichte, schlief die Schweizerin tief und friedlich im Bett ihres Wohnwagens. Bedauerlicherweise hatte man ihr einen Standplatz zugewiesen, der sich nahe den Klippen befand.

Während die 56-Jährige schlummerte, drückten die extremen Winde ihr Domizil langsam, aber sicher über die Klippe – der Wohnwagen fiel zehn Meter in die Tiefe und schlug gegen 7.45 Uhr auf der Wasseroberfläche auf. Schockierte Augenzeugen verständigten sofort die Feuerwehr, diese fand die Leiche der Schweizerin neben dem völlig zerschmetterten Wrack. Mary Sweeney, Besitzerin einer Bar in der Nähe des Unfallorts, sagte: »Der Campingplatz befindet sich direkt an der Atlantikküste. Wir sind hier den Kräften der Natur völlig ausgeliefert.«

Campingland Deutschland

Über 2.900 geöffnete Campingplätze gibt es in der Bundesrepublik, sie bieten Reiselustigen fast 221.000 Stellplätze. Die meisten Campingplätze finden sich im Bundesland Bayern, gefolgt von Niedersachsen und Baden-Württemberg. Über 31 Millionen Übernachtungen werden jährlich auf deutschen Campingplätzen gezählt, der durchschnittliche Preis pro Übernachtung beträgt rund dreißig Euro – in der Schweiz zahlt man mit fast 47 Euro deutlich mehr.

Rund fünf Prozent der Touristen, die Deutschland besuchen, entscheiden sich für den Campingplatz als Unterkunftsform, etwa 12,6 Milliarden Euro beträgt der jährliche Gesamtumsatz durch Campingtourismus in Deutschland. Wenig überraschend: Mit großem Abstand kommen die meisten ausländischen Camper aus den Niederlanden.

 Überlebenslektion:

Parken Sie Ihren Campingwagen nicht an steilen Abgründen.

ÖTZI RELOADED

Im August 2018 erholte sich ein 38-jähriger Österreicher in Norwegen. Gemeinsam mit mehreren anderen Touristen kletterte der Mann während seines Aufenthalts auf den Nigards-Gletscher, gelegen in der Fjordregion nördlich von Bergen. Während der Wanderung hatte die Gruppe das Bedürfnis, nicht immer nur auf langweiligen, ausgetretenen Touristenpfaden zu wandeln, sondern ein Stück unverfälschtes Skandinavien auf eigene Faust zu entdecken. Verwegen kletterte man über Sicherheitsabsperrungen und pfiff auf die zahlreichen Warnschilder. Kurz nachdem die Wanderer das abgesperrte Gebiet betreten hatten, brach ein großer Eisbrocken vom Gletscher ab und raste in die Tiefe – den Österreicher zog der kalbende Gletscher einfach mit sich ins Meer, zwei seiner Begleiter wurden schwer verletzt, kamen aber mit dem Leben davon.

Ein Experte sagte im norwegischen Fernsehen, dass der Nigards-Gletscher den ganzen Sommer lang sehr aktiv gewesen sei. Vier Jahre zuvor kam ein deutsches Ehepaar auf demselben Gletscher ums Leben, die beiden hatten ebenfalls alle Warnungen ignoriert und wurden vor den Augen ihrer Kinder von abbrechenden Eisblöcken erschlagen.

 **Überlebenslektion:**

Lesen Sie die verdammten Warnschilder!

TUNNELBLICK

Gemeinsam mit Ehefrau und Kindern flog ein 35-jähriger US-Amerikaner im Februar 2018 in den Sonnenstaat Florida. Auf dem Weg nach Disney World legte das Paar einen Stopp am Strand St. Augustine ein. Der Familienvater war in bester Ferienlaune und kam auf die Idee, gemeinsam mit seinen Kindern eine ganz besondere Sandkonstruktion zu bauen. Man machte sich emsig an die Arbeit, Ziel war es, einen Tunnel in eine der rund einen Kilometer langen Dünen zu treiben. Als sich der 35-Jährige bereits mitten im selbst gegrabenen Tunnel befand, stürzte dieser unversehens ein und begrub den Mann vollständig unter einem Meter Sand. Der feine Sand lastete so schwer auf dem Körper des Amerikaners, dass er nicht mehr richtig atmen konnte – auch war es ihm absolut unmöglich, sich selbst aus der lebensgefährlichen Lage zu befreien. Verzweifelt versuchte seine Ehefrau, den Touristen frei zu graben, erst herbeigerufenen Rettungskräften gelang es nach einer halben Stunde endlich, den Mann aus seinem Sandgrab zu bergen. Leider waren die Folgen seines Abenteuers zu schwerwiegend, zwei Tage später erlag der Mann im Krankenhaus seinen inneren Verletzungen.

Risiko Sand

Regelmäßig kommt es zu tödlichen oder beinahe tödlichen Unfällen beim Spielen im Sand – die meisten Urlauber wissen nichts über diese Gefahrenquelle. Experten raten dazu, Kinder beim Buddeln in natürlichem Sand immer zu beaufsichtigen, besonders gefährlich ist das Graben von Löchern. Durch ein unterschiedliches Materialgemisch in Verbindung mit lockerer Lagerung können sich am Rand von Löchern und Gruben schnell einige Kubikmeter Sand lösen – wer unter eine solche Lawine gerät, kann sich nicht mehr ohne fremde Hilfe befreien.

 Überlebenslektion:

Graben Sie sich niemals tief im Sand ein!

6. FOLGENSCHWERE FOTOS

2014 gaben 54 Prozent der Deutschen an, schon mal ein Selfie geschossen zu haben. Gleichzeitig stimmten 57 Prozent der Befragten der Aussage »Selfies finde ich allgemein nervig« ganz oder weitestgehend zu. 76 Prozent der Deutschen sind der Meinung, dass zu viele Selfies in den sozialen Medien veröffentlicht werden. Trotzdem erfreut sich das Selfie immer größerer Beliebtheit und ist längst fester Bestandteil unserer Alltags- und Ferienkultur geworden.

Foto und Urlaub sind ohnehin schon seit Jahrzehnten ein echtes Traumpaar. Schließlich will man sich möglichst lange an die schönsten Wochen des Jahres erinnern und die Verwandten zu Hause ein wenig beeindrucken! Dank nahezu unlimitierter Speicherkapazitäten dokumentiert der moderne Tourist heute nahezu jedes Details des Urlaubs und teilt seine Eindrücke online mit der ganzen Welt. Bei so viel Geschäftigkeit kann der Erholungsaspekt natürlich ein wenig aus dem Blickfeld rutschen – genauso wie Klippen, niedrige Brüstungen oder ähnliche Gefahrenquellen.

TODESSTREIFEN

Im April 2017 kamen drei geschichtsbegeisterte Touristen aus Schottland auf die Idee, einen vormittäglichen Spaziergang auf der Autobahn 24 in Höhe der Raststätte Gudow (Kreis Herzogtum Lauenburg) zu unternehmen. Das Trio hatte vorher bereits in der Hansestadt Hamburg gefeiert, die Stimmung war prächtig und die Risikobereitschaft groß. Glücklicherweise herrschte gerade wenig Verkehr, und so gelang es den jungen Schotten, unbeschadet bis zur Mittelleitplanke zu gelangen – dort begannen sie begeistert damit, Selfies von sich zu knipsen. Da würden Freunde und Familie in den sozialen Netzwerken staunen – #YOLO.

Ein 73-jähriger Autofahrer war vielleicht wenig mit dem Konzept des Selfies vertraut, auf jeden Fall rechnete er auf der Autobahn nicht mit einer sich selbst fotografierenden Urlaubsgruppe, deshalb gelang es ihm nicht mehr, den Männern auszuweichen. Der Audi erfasste einen der Touristen, der 22-Jährige verstarb noch an der Unfallstelle. Seine Begleiter waren zu alkoholisiert, um vor Ort vernommen zu werden. Die Urlauber hatten bewusst Gudow gewählt, weil hier früher die Grenze zwischen Westdeutschland und der DDR verlief.

Der Grenzübergang Gudow/Zarrentin

Bis September 1990 war Gudow/Zarrentin der zweitgrößte innerdeutsche Grenzübergang nach Helmstedt/Marienborn, zuletzt passierten fast neun Millionen Menschen im Jahr den Kontrollpunkt. Die Abfertigungshäuschen sind heute längst abgerissen, auch Grenzstreifen und Schlagbaum sind spurlos verschwunden. In dem früheren Verwaltungsgebäude des Bundesgrenzschutzes befindet sich mittlerweile ein Motel mit 32 Zimmern. Was einst die Trennungslinie zweier Staaten war, ist heute nur noch die Grenze der Bundesländer Schleswig-Holstein und Mecklenburg-Vorpommern.

 Überlebenslektion:

Überqueren Sie niemals Autobahnen!

MATSCH-OH
PITSCH-OH

Ein 51-jähriger Deutscher genoss im Juni 2016 die ehrfurcht-gebietende Atmosphäre der Inka-Ruinenstätte Machu Picchu (»alter Gipfel«) in den peruanischen Anden. Die terrassenför-mig angelegte Stadt wurde im 15. Jahrhundert in 2.360 Metern Höhe zwischen dem gleichnamigen Berg und dem Gipfel des Huayna Picchu erbaut. Etwa zweitausend Touristen besuchen das UNESCO-Weltkulturerbe jeden Tag. Gegen 11.45 Uhr fasste der Urlauber den idiotischen Entschluss, über eine Sicherheits-absperrung zu klettern und eine Serie von Selfies mit der In-ka-Stadt als Hintergrundkulisse zu knipsen. Wahrscheinlich war der Deutsche mit den Ergebnissen wenig zufrieden, deshalb bat er einen anderen Besucher darum, vorzeigbarere Aufnahmen von ihm anzufertigen. Um den Bildaufbau etwas interessanter zu gestalten, begann der 51-Jährige damit, Luftsprünge direkt am Abgrund zu vollführen. Bei einem dieser Hüpfer verlor er das Gleichgewicht und purzelte hundert Meter in die Tiefe – der andere Besucher musste das Drama auf dem Kameradisplay un-freiwillig bis zum letzten Akt mit ansehen. Als ein Rettungsteam eintraf, war der Tourist bereits verstorben.

 **Überlebenslektion:**

Sicherheitsabsperrungen gibt's meistens aus gutem Grund!

JA ZUM SELFIE-STICK

Im Juni 2018 machten ein 33-jähriger Australier und seine Partnerin Ferien im sonnenverwöhnten Portugal. Das Paar besuchte auf seiner Reise auch den zauberhaften Strand Praia dos Pescadores, rund dreißig Kilometer nordwestlich von Lissabon. Nach Einbruch der Dämmerung wollten die beiden Turteltauben noch unbedingt die Schönheit des mondbeschienenen Strandes dokumentierten, fieberhaft suchten sie nach dem perfekten Platz für ein stimmungsvolles Pärchen-Selfie. Der Strand wird von einer Felsenbucht geschützt und von einer fast vierzig Meter hohen Mauer überragt. Exakt auf jener Mauer starteten die beiden Touristen ihre Selfie-Session. Immer wieder probierten sie neue Winkel aus, zogen Grimassen, küssten sich, streckten den Arm noch etwas länger aus, dabei entglitt ihnen das Handy, sie wollten es rasch noch auffangen, verloren dabei das Gleichgewicht ...

Gegen sechs Uhr dreißig am nächsten Morgen fand ein Angestellter der Müllabfuhr die zerschmetterten Leichen der Urlauber, als er gerade den Strand säuberte. Rui Pereira da Terra, der Chef der Hafenmeisterei, sagte: »Es deutet alles darauf hin, dass die Opfer ein Selfie machen wollten. Das Gerät ist ihnen wohl aus der Hand gefallen, als sie ihren Arm für das Selfie ausstreckten. Beim Versuch, das Gerät aufzufangen, sind sie in die Tiefe gestürzt.«

Fünf Selfie-Fakten

1. Im Jahr 2014 kamen 49 Menschen beim Schießen von Selfies ums Leben, die Dunkelziffer dürfte noch höher sein – drei Menschen starben im selben Jahr durch Haiangriffe.
2. Die meisten Todesfälle in Verbindung mit Selfies ereignen sich in Indien.
3. Die häufigste Todesursache ist der Sturz aus großer Höhe, Ertrinken und Züge sind ebenfalls recht häufig.
4. In einigen Städten wie Mumbai gibt es Zonen, in denen strenges Selfie-Verbot herrscht.
5. Seit 2014 macht die Selfie-Stange das Knipsen von Selbstporträts noch einfacher.

 Überlebenslektion:

Wenn Ihr Handy in einen Abgrund fällt, springen Sie nicht hinterher!

ÜBER-SCHNAPPSCHUSS

Ein 59-jähriger Japaner wollte im September 2014 den Vulkan Ontake (etwa zweihundert Kilometer südwestlich von Tokio) besteigen, um vom Gipfel die einmalige Aussicht und die herbstliche Färbung der Bäume zu bestaunen. Um 11.52 Uhr brach der 3.067 Meter hohe Vulkan völlig unvermittelt aus, der 59-Jährige wurde von einer massiven Aschewalze erfasst und getötet. Bergungsexperten fanden später das Smartphone des Urlaubers bei seinem Leichnam, der unter einer dicken Ascheschicht begraben war. Im Gegensatz zum Touristen hatte das Handy die Naturkatastrophe völlig unbeschadet überstanden, und so konnten die Ermittler den Unfallhergang haargenau nachvollziehen. Die Selfies auf dem Gerät zeigten, dass der Japaner beim Anblick der immer näher kommenden Aschewolke keineswegs um sein Leben lief und sich einen Unterstand suchte – stattdessen posierte er begeistert für unzählige Fotos und Videos, bis ihn die dunkle Wolke verschlang. Die Frau des Toten sagte: »Es wäre mir lieber gewesen, wenn er geflohen wäre, statt Fotos zu machen.«

Insgesamt 47 Menschen starben durch den Ausbruch des Ontake. Laut Aussagen der Rettungskräfte hatte nicht nur der 59-Jährige für einen Schnappschuss auf den gesunden Menschenverstand gepfiffen: Gut die Hälfte der geborgenen Leichen hielt noch ihre Smartphones in den Händen.

 Überlebenslektion:

Vulkanausbrüche sind nicht der geeignete Zeitpunkt für Selfies!

WALERGEBNIS

Ein 18-jähriger Amerikaner flog im Juli 2018 nach Australien. Gemeinsam mit Altersgenossen bestaunte der junge Mann am Abend eine Gruppe von Buckelwalen bei Cape Solander, südlich von Sydney. Das Naturspektakel animierte den jungen Mann dazu, den Mädels in seiner Gruppe mal richtig imponieren zu wollen und die Jungs zu Feiglingen zu degradieren. Unter ungläubigem Staunen verließ der 18-Jährige urplötzlich die sichere Besucherplattform und kletterte geschickt wie Spiderman auf einen Felsvorsprung. Dort begann er damit, superlässige Selfies von sich zu knipsen. Er fühlte sich so sicher, dass er immer verrücktere Verrenkungen aufführte und seinen Freunden dabei begeistert zuwinkte. Im Gegensatz zu den Einheimischen wusste der Amerikaner jedoch nicht um die glitschige Oberfläche der Felsen – als er sich gerade in eine besonders coole Pose warf, rutschte er aus und stürzte 18 Meter in die Tiefe. Helfer konnten den jungen Mann später unter großen Mühen bergen, er trieb tot in der Brandung. Selbst Flipper, der freundliche Delfin, hätte nix mehr für ihn tun können.

Bürgermeister Carmelo Pesce sagte zu dem Vorfall: »Wenn Sie diesen Ort besuchen, müssen Sie wissen, dass die Felsen sehr rutschig sind. Bleiben Sie zu Ihrer Sicherheit auf der Plattform. Sie riskieren sonst Ihr Leben, und warum – für ein Foto? Das ist es nicht wert.«

Kleines Selfie-Lexikon

Das Wort Selfie stammt aus Australien. Es wurde erstmals am 13. September 2002 im australischen Internetforum *ABC Online* verwendet. Mittlerweile gibt es zahlreiche Kofferwörter, die das Fotomotiv näher beschreiben:

Belfie: mit dem Gesäß als Hauptmotiv (englisch »butt«, Hintern)
Bifie: Selfie im Bikini
Drelfie: im angeheiterten Zustand (englisch »drunk«, betrunken)
Dronie: mithilfe einer Flugdrohne geknipst
Footsie: Schwerpunkt auf die Füße (englisch »foot«, Fuß)
Helfie: Fokus auf die Haare (englisch »hair«, Haare)
Nudie: im Adamskostüm (englisch »nude«, nackt)
Shelfie: hier geht es um Inneneinrichtung (englisch »shelf«, Regal)
Suglie: Hässlichkeit lautet das Motto (englisch »ugly«, hässlich)
Ussie: Selfie in der Gruppe (englisch »us«, wir)
Welfie: bei der sportlichen Betätigung

 Überlebenslektion:
Klettern Sie auf keine Orte mit glitschigen Oberflächen!

WAS EIN FALL

Im Juli 2016 bereiste ein 28-jähriger Südkoreaner den peruanischen Teil des Amazonas-Regenwalds. Der Urlauber besuchte auch den äußerst fotogenen Wasserfall Gocta, der mit 771 Metern Fallhöhe einer der höchsten der Erde ist. Ohne einen lokalen Guide darf man den Wasserfall nur nach schriftlicher Bestätigung der Akzeptanz aller möglichen Gefahren besuchen. Die Behörden raten Urlaubern ausdrücklich davon ab, die etwa zweistündige Wanderung zum Fuß der oberen oder unteren Stufe ohne einen ortskundigen Führer zu unternehmen. Der Südkoreaner wollte sich das Geld sparen und unterschätzte das Gefahrenpotenzial der Wanderung. Statt dem Weg auf dem rutschigen, steilen Terrain seine ganze Aufmerksamkeit zu widmen, dokumentierte der südkoreanische Sparfuchs sein Abenteuer gewissenhaft mit dem Handy. Als er dann auch noch ein besonders spektakuläres Selfie machen wollte, waren die Kräfte seines Schutzengels endgültig erschöpft.

»Er wollte ein Selbstporträt am Wasserfall machen, aber während er nach einem guten Platz für das Foto suchte, stürzte er ab«, sagte ein Polizeisprecher. Der Südkoreaner fiel etwa fünfhundert Meter in die Tiefe, sein Leichnam konnte erst nach zwei Tagen intensiver Suche von Tauchern geborgen werden.

Überlebenslektion:

Machen Sie keine Selfies am Rand von tosenden Wasserfällen!

DUM(M)BO

Ein 66-jähriger Italiener machte im September 2016 gemeinsam mit seiner Frau den Tsavo-Nationalpark in der Nähe der kenianischen Küste unsicher, das Ehepaar residierte im luxuriösen Swara-Camp. Auf der Website der Anlage ist zu lesen: »Dank seiner strategischen Lage entlang des Galana-Flusses am Rande des Parks in der privaten Kulalu Ranch können Sie eine faszinierende Vielfalt von Tieren sehen, die regelmäßig vom Fluss trinken.« Diese Werbeaussage ist keineswegs übertrieben, bereits beim ersten gemütlichen Frühstück erspähten die beiden Italiener einen gewaltigen Elefanten ganz in der Nähe. Sofort waren dem 66-Jährigen Croissant und Latte macchiato völlig schnuppe, er stürmte mit seinem Handy auf das tonnenschwere Tier zu und knipste eifrig Selfies. Auch nachdem der Elefant wütend mit den Beinen aufstampfte und laut trompetete, zog der Tourist keinen geordneten Rückzug in Erwägung, sondern probierte neue Perspektiven aus – da wurde es dem friedlichen Dickhäuter zu viel. »Er provozierte den Elefanten. Schließlich kam das Tier auf ihn zu und griff an, der Mann wurde ernsthaft verletzt«, sagte Polizeichef Muchangi Mutava. Der Tourist wurde bei dem Angriff schwer am linken Bein verletzt, er verstarb noch im Camp.

Überlebenslektion:

Machen Sie keine Selfies von sich und einem Elefanten!

DIE BAHN KOMMT

Eine 19-jährige Chinesin besuchte im April 2016 einen Rosen-garten in Foshan im Süden ihres Heimatlandes. Eine Bahn-strecke führt dort direkt an einem üppigen Rosenfeld vorbei, Touristen von nah und fern schätzen diesen romantischen Ort als perfektes Fotomotiv. Die junge Frau besaß nicht nur Leiden-schaft für Blumen, sondern begeisterte sich auch sehr für Tech-nik. Deshalb beschloss sie gegen 12.10 Uhr, ein unvergessliches Selfie von sich, einer roten Rose und einem fahrenden Zug im Hintergrund zu machen. Das Ganze sollte natürlich nicht laien-haft, sondern wie in einem waschechten Hollywood-Blockbus-ter wirken – deshalb positionierte sich die 19-Jährige so nah wie möglich an den Gleisen. Danach probierte sie unterschiedliche Winkel aus und experimentierte mit diversen Fotoeffekten. Die Vielfalt der Optionen war so enorm, dass die Chinesin weder das Warnhorn des Zuges noch die Panikschreie der anderen Touris-ten wahrnahm. Da der Zugführer die Frau erst spät sah, konnte er nicht mehr bremsen, die Urlauberin wurde vom Sog der Bahn erfasst und erlitt schwerste Kopfverletzungen – im Krankenhaus konnten die Ärzte nur noch ihren Tod feststellen.

Da es in dieser Region aus Gründen der Kostenersparnis keine Schutzzäune an den Gleisen gibt, kommt es regelmäßig zu äußerst unerfreulichen Unfällen. Die überall aufgestellten Warnschilder würden von den meisten Menschen einfach igno-riert, klagen die chinesischen Behörden.

Sogwirkung bei Zügen

Da ein Zug Luft vor sich herschiebt, entstehen Verwirbelungen. Beim Einfahren einer Bahn drückt der Sog vom Gleis weg. Menschen, die zu nahe am Bahnsteig stehen, können aus dem Gleichgewicht gebracht werden. Beim Vorbeifahren und nach der Vorbeifahrt zieht der Sog in Richtung der Gleise, je leichter ein Mensch ist und je mehr Angriffsfläche er bietet, desto größer ist die Gefahr. Die Sogwirkung steigt zudem mit der Geschwindigkeit des Zuges, nur in wenigen Fälle durchqueren Züge deutsche Bahnhöfe mit über zweihundert Stundenkilometern. Da heutige Züge sehr leise sind, ist es mitunter schwer, ihr Herannahen zu registrieren. »Wer hinter der Sicherheitslinie bleibt, hat normalerweise nichts zu befürchten. Das gilt sowohl für Erwachsene als auch für Kinder, jedoch nicht für Menschen, die unter Kreislaufproblemen leiden oder betrunken sind, da deren Gleichgewichtssinn gestört ist«, sagte ein Bahnsprecher.

 **Überlebenslektion:**
Machen Sie keine Selfies mit fahrenden Zügen!

DEATH MESSENGER

Ein 44-jähriger Chinese bestaunte im Mai 2016 den Yeshanko Wildlife Zoo in der südchinesischen Stadt Weihai. Vor Ort packte den Touristen der Ehrgeiz, dieses Mal wollte er seine zahlreichen Online-Freunde mit garantiert einmaligen Ausflugsbildern beeindrucken! Der Mann bemerkte, dass der Zugang zum Walross-Gehege kaum gesichert war, also kletterte er zielstrebig in die Behausung der massigen Säugetiere. Ziel seiner Begierde war ein 1,5 Tonnen schwerer Walross-Bulle, der sich zunächst total entspannt gab und offensichtlich keine Probleme mit ein paar gemeinsamen Selfies hatte. Nachdem der Chinese genug Bilder geschossen hatte, war er von der Friedlichkeit des Tieres so angetan, dass er keinerlei Anstalten machte, das Gehege zügig zu verlassen. Stattdessen begann er einen Live-Chat mit seinen Internet-Freunden und berichtete diesen ausführlich von seiner Heldentat – packende Fotos inklusive! Das Walross war beleidigt, dass ihm nun die ungeteilte Aufmerksamkeit verwehrt wurde, und es zog den 44-Jährigen mit sich unter Wasser. Ein engagierter Tierpfleger wurde Zeuge der dramatischen Szene und sprang kurz entschlossen hinterher – beide Männer ertranken in dem wilden Getümmel. Experten vermuteten, dass das Tier nur mit den Männern spielen wollte.

 Überlebenslektion:

Wenn Sie unbedingt ein Selfie mit einem Walross machen wollen, dann bitte nur mit einem aus Plüsch!

POLNISCHER ABGANG

Im November 2014 reiste eine 23-jährige Polin nach Sevilla, sofort war die junge Frau hin und weg vom mediterranen Flair der andalusischen Hauptstadt. Kurz nach Mitternacht bummelte die Touristin vergnügt durch die nächtlichen Straßen und passierte dabei die berühmte Brücke Puente de Isabel II (umgangssprachlich meist als Puente de Triana bezeichnet). Mitten auf der Brücke beschloss die Frau, ein unvergessliches Selfie vor der funkelnden Stadtkulisse zu knipsen. Um ihr Bild noch ein wenig aufzuwerten, stieg die 23-Jährige behände auf die Brückenbrüstung und begann mit ihrem Shooting. Vielleicht hätte sie früher im Turnunterricht bei den Gleichgewichtsübungen besser aufpassen sollen. Verzweifelt versuchte sie, sich auf der Brüstung zu halten, doch am Ende obsiegte die Schwerkraft – die Frau stürzte fünf Meter in die Tiefe und schlug auf einem Betonsockel auf, sie verstarb im Krankenhaus.

Obgleich fanatische Selfie-Fans überall Mittel und Wege finden, um sich selbst und andere in Lebensgefahr zu bringen, diskutiert man nun in Sevilla über weitere Maßnahmen, um Touristen vor sich selbst zu schützen. Ein Sprecher der Stadt sagte: »Das war ein tragischer Unfall, und wir wollen den Boulevard entlang des Flusses sicherer machen.«

 Überlebenslektion:

Sofern Sie nicht eine Profi-Artistenausbildung genossen haben, klettern Sie nicht auf Brückenbrüstungen!

7. ZERSTÖRERISCHE ZWISCHENMENSCHLICHKEIT

Glaubt man einer Umfrage aus dem Jahre 2013, dann sind 44 Prozent der Deutschen im Urlaub schon einmal fremdgegangen. 23 Prozent der Befragten vermuten in Spanien die besten Chancen für heiße Ferienflirts, 15 Prozent setzen auf die Karibik. Bei den Urlaubsromanzen stehen nicht etwa Tennislehrer oder Animateure im Fokus: 53 Prozent der männlichen Befragten und 41 Prozent der weiblichen Befragten bandeln primär mit anderen Touristen an, nur elf Prozent interessieren sich für Einheimische. Die Suche nach der großen Liebe im Urlaub ist selten erfolgreich, nur zwei Prozent der Urlaubsaffären entwickeln sich zu festen Beziehungen. Neben Romantik kann der Reisende leider auch auf Streit, Kriminalität oder lokale Konflikte treffen. Da er der Landessprache meist nicht hinreichend mächtig ist und oft das kulturelle Wissen fehlt, stehen seine Karten in solchen Auseinandersetzungen meist eher schlecht.

COITUS FINALIS

Im Februar 2018 nahm ein 71-jähriger Italiener eine weite Reise auf sich, um die Reize der thailändischen Stadt Pattaya mit allen Sinnen zu erleben. In der lockeren Atmosphäre der Urlauber-hochburg kam der Mann schnell mit zahlreichen Einheimischen ins Gespräch. Besonders gut verstand er sich auf Anhieb mit einem 22-jährigen Thailänder, nach einem fröhlichen Kneipen-abend gingen die beiden gemeinsam auf das Hotelzimmer des Touristen. Das italienisch-thailändische Paar genoss dort ausge-dehnten Geschlechtsverkehr, gegen ein Uhr dreißig am Morgen war der 71-Jährige endlich auf dem Höhepunkt seiner Lust – just in diesem Moment ereilte ihn ein Herzstillstand.

Vielleicht war das wilde Getümmel einfach zu viel für seinen wenig trainierten Körper gewesen? Sofort rief der Thailänder einen Notarzt, dessen Wiederbelebungsversuche schlugen fehl. Der Polizeistaatsanwalt Leutnant Natcha Pannan gab später zu Protokoll, dass das sexuelle Abenteuer höchstwahrscheinlich »zu energiegeladen« für den greisen Italiener gewesen sei.

Die Rotlichtbranche in Thailand

Prostitution ist in Thailand illegal, wird von den Behörden aber geduldet. Rund 27 Milliarden US-Dollar erwirtschaftet die thailändische Rotlichtbranche jährlich, laut einer Schätzung der UN-Arbeitsorganisation ILO sind das etwa 14 Prozent des Bruttoinlandsprodukts von Thailand. Laut eines Berichts der World Health Organization (WHO) aus dem Jahre 2001 arbeiten 150.000 bis zweihunderttausend Menschen in Thailand als Prostituierte.

 Überlebenslektion:

Gönnen Sie Ihrem Körper auch bei romantischen Abenteuern ab und zu kleine Pausen!

DEUTSCH-BRITISCHE FREUNDSCHAFT

Ein 46-jähriger Deutscher bereiste im Juli 2015 den spanischen Badeort La Cala de Mijas (rund zwanzig Kilometer östlich von Marbella). Am Abend wollte der Mann die zahlreichen lokalen Bars kennenlernen, bei seiner Tour landete er auch in der Kneipe The Captain's Bar. Diese ist vor allem bei Ausländern beliebt, und so kam der 46-Jährige rasch mit zwei Briten ins Gespräch. Trotz kleiner Verständigungsschwierigkeiten (von zwei Weltkriegen ganz zu schweigen) verstanden sich die drei Männer bald blendend, der Deutsche wollte die internationale Verständigung weiter ausbauen und lud die Briten auf ein Bier ein. Beim Anstoßen erlaubte sich der 46-Jährige einen Spaß und zog einem der Engländer den Hut vom Kopf. Dieser teilte ganz offensichtlich nicht das germanische Humorverständnis und schlug dem Huträuber mehrfach mit voller Wucht ins Gesicht, woraufhin dieser zu Boden fiel.

In den folgenden Minuten mussten die Inselbewohner zu ihrem Schrecken feststellen, dass ihr teutonischer Freund nie mehr aufwachen würde. Voller Panik trugen sie den Sterbenden nach draußen, warfen ihn auf die Straße und rasten mit ihrem Auto davon. Nach großflächiger Fahndung konnte das Duo nach zwei Tagen von der Polizei dingfest gemacht werden. Laut Recherchen der spanischen Zeitung *Diario Sur* war der Totschläger in seiner Heimat vorbestraft und hatte dort zahlreiche Jahre in Gefängnissen abgesessen.

Überlebenslektion:

Wenn man die Finger nicht von fremden Hüten lassen kann, sollte man Fingerspitzengefühl walten lassen!

SCHULTERKLICK

Im Dezember 2014 bereiste ein 47-jähriger Brite den Nordwesten des afrikanischen Binnenstaates Äthiopien. An Heiligabend besuchte der Mann am Vormittag eine Kirche in Bahir Dar, der drittgrößten Stadt des Landes, rund fünfhundert Kilometer von der Hauptstadt Addis Abeba entfernt. Während der Tourist im stillen Gebet verharrte, traf ihn gegen zehn Uhr dreißig völlig überraschend eine Kugel aus dem Lauf einer Kalaschnikow – der 47-Jährige war auf der Stelle tot. Ursache des bizarren Unfalls war nicht etwa Terrorismus, sondern schlichtweg die Schusseligkeit eines äthiopischen Kirchenbesuchers. Der Mann war ein harmloser Zivilist, besaß eine Waffenlizenz und trug seine Kalaschnikow stets bei sich – »Man kann ja nie wissen, wen man auf der Straße so trifft«. Blöderweise hatte er im emsigen Vorweihnachtstrubel vergessen, vor dem Kirchgang die Munition aus seiner Waffe zu nehmen – auch dass diese entsichert war, fiel dem Gläubigen nicht auf. Regierungssprecher Shimeles Kema sagte: »Es scheint, als hätte ein Bewohner von Bahir Dar aus Versehen einen Schuss abgegeben, als er seine Waffe von einer Schulter auf die andere hängte. Es ist ein altes Gewehr. Er hat nicht absichtlich auf den Touristen gezielt.«

Unfälle mit Schusswaffen

2016 wurden in den USA 37.000 Menschen durch Schusswaffen getötet – wenn man Suizide mitzählt. Durchschnittlich einmal pro Woche wird ein US-Amerikaner von einem Kleinkind angeschossen oder erschossen. Bei uns in Deutschland sterben laut Statistischem Bundesamt jährlich rund siebzig Personen bei Angriffen oder Unfällen mit Schusswaffen. Interessanterweise kommt in einigen deutschen Landkreisen rechnerisch auf fast jeden fünften Einwohner eine legale Schusswaffe, an der Spitze steht der Landkreis Lüchow-Dannenberg mit 186 Schusswaffen je tausend Einwohner. Eine äußerst niedrige Dichte gibt es hingegen in Berlin, hier besitzen lediglich 13 von tausend Einwohnern eine Schusswaffe.

 Überlebenslektion:

Gehen Sie lieber an Orte mit Waffeln als an Orte mit Waffen!

LIEBER ZUR PUNICA-OASE

Eine Gruppe mexikanischer und ägyptischer Urlauber befand sich im September 2015 auf dem Weg zur landschaftlich reizvollen Oase Farafra. Die Urlauber waren in einem Konvoi aus fünf Geländewagen in der westlichen Wüste Ägyptens unterwegs. Sie hatten sich lokalen Guides anvertraut, diese besaßen jedoch ganz offensichtlich wenig Kenntnis von der angespannten Sicherheitslage in dieser Region – oder nahmen sie zumindest auf die leichte Schulter. Völlig arglos drang der Konvoi in ein Gebiet ein, das von der ägyptischen Regierung für jegliche Zivilisten gesperrt war.

Die aufmerksamen Sicherheitskräfte bemerkten die geheimnisvollen Eindringlinge sofort, identifizierten sie als Terroristen und bereiteten einen Abschreckungsschlag vor. Gegen sechzehn Uhr wurde das Feuer auf die Jeeps eröffnet – acht Mexikaner und vier Ägypter starben bei der Aktion, zehn weitere Personen wurden schwer verletzt. Laut Aussagen von Überlebenden befand sich die Gruppe gerade bei einem gemütlichen Wüstendinner, als sie von einem Flugzeug und einem Helikopter ins tödliche Kreuzfeuer genommen wurde.

 **Überlebenslektion:**

Dringen Sie nicht in militärische Sperrgebiete ein!

BLAUES WUNDER

Einen 58-jährigen US-Amerikaner zog es im Oktober 2007 in den – besonders unter Sextouristen beliebten – Badeort Pattaya. Am Abend machte der Mann an der Bar Bekanntschaft mit einer wesentlich jüngeren Thailänderin, flugs war man sich handelseinig und begab sich auf das Hotelzimmer des Amerikaners. Die Frau war gerade dabei, dem Urlauber seine sexuellen Fantasien zu erfüllen, als dieser kurz nach Mitternacht unvermittelt zusammensackte. Nachdem die Prostituierte bei ihrem Klienten keine Atmung mehr feststellen konnte, alarmierte sie umgehend die Polizei. Die Beamten konnten nur noch den Tod des Mannes feststellen, die Spurensicherung entdeckte auf dem Nachttisch des 58-Jährigen eine Viererpackung eines Potenzmittels – sie enthielt nur noch eine Pille. Die Beamten vermuteten, dass dem Urlauber die viel zu hohe Dosierung der Potenzpillen in Kombination mit schlechter Produktqualität zum Verhängnis wurde. Experten warnen, dass rund 44 Prozent der im Ausland und im Internet frei verfügbaren Viagra-Tabletten nicht den richtigen Wirkstoff oder die richtige Dosierung enthalten.

Viagra-Überdosierung

Nach einem Alkoholgelage kam im September 2015 ein 36-jähriger Brite auf die Idee, satte 35 Viagra-Pillen zu schlucken. Schon bald fühlte sich der Stuckateur aus Withernsea schwindelig, und es stellten sich Halluzinationen ein. Zudem klagte er über eine »gewaltige Erektion, die nicht verschwinden wollte«. Was für eine Überraschung. Seine Ehefrau rief den Notarzt, 36 Stunden wurde der 35-Jährige im Krankenhaus behandelt – fünf Tage hielt seine Erektion an. Neben Priapismus (medizinischer Ausdruck für Dauer-Erektion) drohen bei Viagra-Überdosierung Symptome wie Bluthochdruck, EKG-Veränderungen, Muskelschmerzen, Herzinfarkt, Herzrasen, Kopfschmerzen, Atemnot, Hirnblutungen oder Sehstörungen.

 Überlebenslektion:

Wenn Sie im Ausland Medikamente kaufen, gehen Sie nur zu seriös aussehenden Apotheken – gefälschte Arzneimittel können tödlich sein!

FAVELA TOTAL AUTHENTISCH

Im Oktober 2017 machte eine 67-jährige Spanierin eine spannende Rundreise durch Brasilien. Die Frau war mit zwei Landsleuten und einem Italiener unterwegs, in Rio de Janeiro lernte die Gruppe einen sympathischen Brasilianer kennen. Der Mann stellte sich als staatlicher Guide vor und versprach den Touristen gegen ein kleines Salär eine unvergessliche Tour durch die berüchtigte Favela Rocinha im Süden Rios. Begeistert willigten die Urlauber ein und wurden im Auto des Brasilianers nach Rocinha kutschiert. Dort musste der Guide schmerzlich feststellen, dass der Eingang zur Favela durch eine Polizeiblockade versperrt war. Um seine Gäste nicht zu enttäuschen, gab der Brasilianer kurz entschlossen Vollgas und durchbrach die Barriere. Die Beamten reagierten sofort und nahmen den Pkw ins Visier.

In einer offiziellen Erklärung hieß es: »Um zehn Uhr dreißig hat ein Fiat Fremont eine Straßensperre der Polizei durchbrochen. Die Polizisten reagierten und beschossen das Fahrzeug. Als sich die Beamten näherten, entdeckten sie, dass das Fahrzeug Touristen transportierte. Eine Spanierin wurde verletzt und ins Miguel-Couto-Krankenhaus gebracht, überlebte aber nicht.«

Nur wenige Stunden zuvor hatten sich in Rocinha die Eliteeinheiten der brasilianischen Polizei schwere Gefechte mit Drogenhändlern geliefert.

 Überlebenslektion:

Durchbrechen Sie keine Polizeibarrieren! Trauen Sie keinen Touristen-Guides, die Polizeibarrieren durchbrechen wollen!

REGEN OHNE SEGEN

Ein 27-jähriger US-Amerikaner reiste im November 2018 quer durch Indien. Auf seiner Route lagen auch die Andamanen-Inseln. Diese liegen etwa dreihundert Kilometer südsüdwestlich von Kap Negrais und bestehen aus 204 Eilanden. Auf einer dieser Inseln – North Sentinel genannt – leben noch 150 Ureinwohner, völlig isoliert von der modernen Welt. Um sie vor Zivilisationskrankheiten zu schützen, unterliegen die Ureinwohner einem strengen Schutz durch den indischen Staat: Um North Sentinel muss ein Abstand von fünf Kilometern eingehalten werden. Gerade aufgrund dieses Verbots reizte es den Urlauber enorm, als einer der ersten Touristen einen Fuß auf die mysteriöse Insel zu setzen. Der Mann bestach die lokalen Fischer und ließ sich von ihnen in einem Boot in die Nähe von North Sentinel bringen, danach fuhr er ganz allein mit einem Kanu weiter.

Als der 27-Jährige auf der Insel landete, waren die Ureinwohner wenig von dem Überraschungsbesuch angetan. »Er wurde von Pfeilen attackiert, ging aber weiter. Die Fischer sahen, wie die Bewohner Seile um seinen Hals banden und ihn zogen«, beschrieb ein indischer Regierungssprecher die Begegnung. Voller Panik flohen die Fischer, am nächsten Morgen kehrten sie zum Ort des Geschehens zurück und fanden die Leiche des Amerikaners am Ufer.

Unkontaktierte Völker

Experten schätzen, dass es auf unserem Planeten noch etwa einhundert sogenannte unkontaktierte Völker geben soll – die meisten davon leben im brasilianischen und peruanischen Amazonasgebiet. Politiker, Anthropologen und Aktivisten streiten sich schon seit Jahrzehnten darum, wie man am besten mit diesen Menschen umgehen soll. Die Forscher Robert Walker und Kim Hill sagen: »Ein gut geplanter Kontakt kann sehr sicher sein, verglichen mit den desaströsen Folgen zufälliger Kontakte.« Sie plädieren für einen kontrollierten Kontakt in Verbindung mit einer intensiven medizinischen Betreuung. Die Nichtregierungsorganisation Survival International pocht hingegen darauf, die isolierten Völker auf jeden Fall in Ruhe zu lassen, Sprecherin Linda Poppe meint: »Die medizinische Betreuung, die bei einem kontrollierten Kontakt notwendig wäre, kann die negativen Folgen des Kontakts nicht auffangen. Die Menschen müssen selbst entscheiden, ob sie Kontakt aufnehmen wollen.«

 Überlebenslektion:

Betreten Sie nicht unerlaubt die Grundstücke fremder Menschen!

MISSVERSTÄNDNIS MIT MANGO

Ein vierzigjähriger Brite fuhr im Januar 2007 mit dem Zug von Goa nach Mumbai. Spontan entschied sich der abenteuerlustige Mann, einen kleinen Zwischenstopp einzulegen und so das ursprüngliche Indien abseits der ausgetretenen Touristenpfade kennenzulernen. In der kleinen Stadt Roha – knapp 170.000 Einwohner, rund 120 Kilometer südöstlich von Mumbai gelegen – verließ er den Zug und durchwanderte fröhlich die Gegend. Auf seiner Tour führte ihn der Weg in ein kleines Dörfchen namens Malsai. Da es dort keinen Handyempfang gab und der Mann auch keine Karte dabeihatte, sprach er auf der Straße eine einheimische Frau an und fragte diese auf Englisch nach dem Weg. Statt zu antworten, schrie die Inderin laut auf und rief voller Panik nach ihrem Ehemann.

Was danach folgte, beschrieb ein Beamter der indischen Polizei folgendermaßen: »Der Ehemann hat wohl gedacht, dass dieser fremde Kerl seine Frau nach sexuellen Gefälligkeiten fragte. Also trommelte er flugs seine Freunde zusammen, und die Gruppe drosch gemeinsam mit Stöcken und Holzklötzen auf den Ausländer ein.« Bereits nach wenige Minuten hatten die sechs Männer den Briten totgeschlagen. Um ihre Untat zu vertuschen, zogen sie die Leiche in den Dschungel und hingen sie mit einem Sari an einem Mangobaum auf, es sollte wie ein Suizid aussehen. Die Polizei sagt, dass es sich um ein Missverständnis handelte, weil die Dorfbewohner kein Englisch sprachen.

Wichtige Floskeln auf Hindi

Guten Tag = Namaskar (na-ma-skaa-r)

Ich habe mich verirrt = Main kho gaya hoon (mää khoo ga-jaa huu)

Das verstehe ich nicht = Muje samdja nahi aaja (mud-schhee sam-dscha na-hii aa-ja)

Ich rufe die Polizei = Main police ko bulaunga (mää pu-li-s ko bu-laa-un-gaa)

Entschuldigung = Maaf karna (maaf karna)

Auf Wiedersehen = Phir milenge (phir millengee)

 Überlebenslektion:

Lernen Sie stets ein paar wichtige Floskeln in der Sprache Ihres Urlaubslandes!

Impressum

Nicolas Bogislav von Lettow-Vorbeck
Das Krokodil im Flugzeug
Skurrile Todesfälle auf Reisen
ISBN: 978-3-95910-191-2

Eden Books – Ein Verlag der Edel Germany GmbH
Copyright © 2019 Edel Germany GmbH, Neumühlen 17, 22763 Hamburg
www.edenbooks.de | www.edel.com
1. Auflage 2019

Einige der Personen im Text sind zum Schutz der Persönlichkeit anonymisiert.

Projektkoordination: Svenja Monert und Kathrin Riechers
Lektorat: Kanut Kirches
Umschlaggestaltung: Favoritbüro
Illustrationen: © Kristijana
Layout und Satz: Datagrafix GSP GmbH, Berlin | www.datagrafix.com
Druck & Bindung: optimal media GmbH, Glienholzweg 7, 17207 Röbel/Müritz